nF419851

Minimalismo

Para Familias que Desean Vivir una Vida Más Plena Desabarrotando su Hogar
Por: Marie Scott.

Introducción

Fiel a su nombre, el minimalismo se trata de deshacerse de todas las cosas innecesarias o no requeridas nuestra vida y hacer espacio para todo lo que le ofrece alegría y paz mental. Una vida minimalista implica la eliminación de todo el desorden y, en consecuencia dejándote en paz, libre y ligero. Según Lao Tzu, uno necesita estar contento con lo que uno tiene. Siempre sé feliz con la forma en que se dan las cosas, porque cuando te des cuenta de que no te falta nada, entonces todo el mundo te pertenecerá.

Un estilo de vida minimalista está en contra de la idea de que consumir más y tener más cosas es mejor. Este estilo de vida abraza la importancia de estar contentos con lo que tenemos y lo que realmente nos hace felices. Adquirir un montón de cosas que realmente no necesitamos no trae la felicidad. Intentar tener más no tiene sentido.

Necesitas dejar de estar ocupado todo el tiempo hasta el punto en que no puedes disfrutar de los placeres que la vida te ofrece. Una vida minimalista valora la calidad en lugar de la cantidad. Yo practico el minimalismo, y este es un estilo de vida que realmente encuentro satisfactorio. Me despierto en un dormitorio que no tiene desorden, desayuno, leo un poco y salgo a pasear en la naturaleza. También trabajo y paso tiempo con mi preciosa familia.

Esas son las cosas simples que me traen felicidad. No me interesa comprar muchos artículos, viajar mucho o asistir a fiestas. Tampoco estoy a favor de gastar dinero en entretenimiento exorbitante y ver mucha televisión. La clave es averiguar lo que te hace feliz y deshacerse de lo que sobra para que puedas crear espacio para las cosas valiosas e importantes. El minimalismo no es una vida aburrida sino rica en tener menos.

No necesitas tener una vida minimalista similar a la mía o a la de otra persona. Tienes que averiguar qué es lo que realmente te hace feliz.

Siempre planifica tu día y deshazte de las cosas que no son importantes mientras dejas espacio para las cosas y la gente que amas.

Este libro te guiará en el camino para encontrar la paz y la felicidad a través del minimalismo. Este tipo de estilo de vida no es un fin, sino un camino para tener más libertad, crear más tiempo, crear espacio para las cosas importantes, preocuparse menos, experimentar más placer, ser más moderado y vivir más sanamente.

Capítulo 1: Pasos hacia el Minimalismo

A pesar de que una mayoría de la gente admira el estilo de vida minimalista, no es fácil para ellos vivirlo. Puede que quieras vivir esta vida, pero no tienes ni idea de qué hacer o por dónde empezar. Hay un número de cosas que necesitas pensar y hacer, y eso puede ser bastante tedioso y abrumador. Estos son algunos pasos a seguir como principiante:

- *Date cuenta y reconoce que tienes suficiente.* Este es un punto clave en el minimalismo, porque estar satisfecho con lo que tienes es importante. Incluso si te despejas de cosas cada día y aún no estás satisfecho con lo que tienes, seguirás queriendo más.
- *Empezar a desabarrotar.* Puedes hacer esto gradualmente.
- *Simplifica tu horario.* Reduce los compromisos y elimina las cosas que no son importantes de tu lista de quehaceres. Esto te permitirá centrarte en lo que es importante.
- Edita todo lo que haces.

Reconoce que Tienes Suficiente

Este es el lugar de inicio, y liberarte de las cosas que no necesitas no es suficiente porque es probable que las acumules de nuevo si continúas comprando. Por lo tanto, cuanto más adquieras cosas, más significa que no estás satisfecho con la forma en que las cosas están en ese momento. Comprar cosas que no necesitas es una clara indicación de que careces de algún tipo de satisfacción. Anhelas más, y deseas más emoción y maneras por las cuales puedes condimentar tu vida.

Cualquiera que sea la razón para comprar, es evidente que no estás contento con tus posesiones. Este es un problema que puede ser muy adictivo; sin embargo, no pierdas la esperanza. Es recomendable que hagas lo siguiente:

- Métete en tu mente que ya tienes todo lo que necesitas. Las cosas que realmente necesitas son comida, ropa, agua, refugio y tus seres queridos. Todo lo demás es sólo un bono. Realmente no necesitas tener el último modelo de las cosas, un coche de lujo o una casa grande.

- Deja el hábito de comprar cosas que no importan. Se consciente de esto y haz una lista para el mes. Haz una regla de que cada vez que quieras comprar algo que no es necesario, tienes que anotarlo en la lista junto con la fecha y que no puedes comprarlo al menos por un mes. En caso de que lo necesites después de un mes, entonces todavía puedes comprarlo. Esta técnica funciona porque la necesidad de comprar siempre se desvanece.

- Obtén la felicidad haciendo, no poseyendo. Ten la seguridad de que puedes ser feliz sólo cubriendo tus necesidades luego de darte cuenta de que poseer y tener cosas nunca te hará feliz. Por el contrario, hacer cosas puede darte felicidad. Puedes hablar con un amigo, dar un paseo con un ser querido, cocinar, cantar o hacer otra cosa que sea emocionante. Una vez que te das cuenta de que involucrarte en actividades te hará feliz, no tendrás deseos de cosas excesivas.

- Adopta el principio de "lo suficiente". Ten la idea de que no siempre necesitas cosas extra y que hay un punto en que siempre tienes suficiente. El problema es que nunca sabemos cuándo dejar de necesitar más; es un círculo vicioso. Serás adicto a comprar y poseer. Aprende a tener suficiente y a ser feliz con lo que tienes. Esto llevará tiempo.

Prioriza Tus Necesidades

Deshacerse de las necesidades es uno de los fundamentos del minimalismo. La esencia es crear espacio para lo que es esencial. No tienes que comprar ropa nueva o aparatos si ya los tienes. Siempre debes aprender a estar satisfecho con las cosas necesarias y llevar a cabo las actividades que te gustan hacer. Sin embargo, es bastante sorprendente que las cosas que más a menudo consideramos como esenciales nunca son realmente necesidades.

Nosotros catalogamos las cosas como esenciales ya que estamos acostumbrados a tenerlas, y siempre es difícil hacer grandes cambios. He aquí algunos ejemplos:

- *Coches.* Mucha gente ve un coche como un elemento esencial a pesar de que la humanidad sobrevivió sin ellos durante muchos años antes del siglo XX. Incluso hoy en día, algunas personas no utilizan los coches, sobre todo si se encuentran en una zona o país con un sistema de transporte público decente y organizado. Por otra parte, hay formas de compartir vehículo, que te permiten utilizar un coche cuando lo necesitas sin ser dueño de el. Puedes caminar o andar en bicicleta.
- *Carne.* Una mayoría de nosotros cree que no podemos sobrevivir sin filetes y hamburguesas, incluyéndome a mí mismo antes de abrazar el estilo de vida minimalista. Ahora mismo, soy vegano, y en caso de que quieras unirte a mí, empieza gradualmente.
- *Ropa.* No tienes que caminar desnudo como los cavernícolas o tener sólo una camisa y un pantalón, pero comprar ropa sólo para mantenerte al día con la moda no es aconsejable.
- *Una casa enorme.* Si tienes menos, no necesitarás una casa grande.

Lejos de la eliminación del desorden físico, el minimalismo también aboga por la reducción del desorden en nuestra ocupada agenda y en la vida laboral. Esto implica hacer sólo lo que es importante para que puedas crear tiempo para ti mismo y hacer lo que te hace feliz.

Reducir los Compromisos

Una de las cosas vitales que necesitas hacer es simplificar tus compromisos enumerándolos y escogiendo los más esenciales. Los compromisos se refieren a todo lo que consume tu tiempo, desde el trabajo hasta los empleos adicionales. Incluso podrían ser tus actividades de ocio. Es fácil decirle que si a tales compromisos, pero ocupan una fracción muy grande de nuestras vidas a medida que se acumulan. Esto nos lleva a estar ocupados hasta el punto de no tener tiempo para lo que es realmente importante para nosotros. Si estas interesado en la práctica del minimalismo, necesitas dejar espacio para lo que más amas.

¿Cómo haces esto? Crea una lista de todos los compromisos que se te ocurran e incluye cualquier actividad que realices con regularidad o con la que te hayas comprometido a corto o largo plazo. Lo siguiente es destacar los cinco compromisos más importantes. Tus prioridades deben ser las cosas que más amas y son valiosas en tu vida. Todo lo demás debe ser eliminado.

Además, es necesario hacer llamadas telefónicas para informar a la gente que ya no estas disponible para algunos compromisos. Esto no será fácil porque tendrás que decir que no a la gente y, la mayoría de las veces, decepcionarlos. No debes sentirte culpable por decir que no, la vida de los demás continuará, así como sus proyectos. Nunca es tan malo cuando decepcionas a la gente. Este es un lento proceso de eliminación porque hay otros compromisos de los que no puedes escapar fácilmente.

Revisa Tu Horario

Reduce el tiempo que pasas en reuniones, y evita hacer citas que puedes ignorar. Esto te dejará tiempo suficiente para hacer las cosas que te hacen feliz. También es necesario que dejes un poco de espacio entre las cosas de tu agenda, ya que esto te ayudará a realizar tus actividades con menos estrés. Si es posible, deja algunos días sin citas programadas.

Recorta tu lista de tareas pendientes. Antes de hacer esto, sé honesto contigo mismo preguntándote si puedes hacer todas las cosas en tu lista de tareas hoy, mañana, o incluso en la próxima semana. La mayoría de las veces, creemos que podemos hacer más de lo que realmente podemos. En consecuencia, creamos largas listas de tareas pendientes que no podemos llevar a cabo dentro del tiempo que les asignamos.

Nuestras listas de tareas pendientes deberían tener menos tareas, de forma que no estemos tan ocupados. Lo que esto significa es que tenemos que elegir las tareas que son más importantes, así como aquellas que tendrán mayor impacto en nuestro trabajo y en nuestras vidas. Selecciona tres tareas por día, las tareas más importantes, y enfócate en ellas antes de hacer cualquier otro deber.

Desabarrotando

La acumulación de cosas corre paralelo al minimalismo. Si vas en serio sobre el minimalismo, entonces necesitas eliminar todos los elementos innecesarios. Deshacerte de cosas es el núcleo del minimalismo. El desorden conlleva muchos problemas como los siguientes:

- Hay cosas que te pesan.
- Hay cosas que te estresan.
- Es costoso comprar, almacenar y mantener las cosas.
- Buscar algo en un espacio desordenado consume mucho tiempo.
- Esto refleja tu ser interior.

La acumulación de desorden es causada por el deseo de adquirir en lugar de estar satisfecho. Además, amontonar cosas ocurre debido al temor de no querer dejarlas ir y el impulso de acumular y almacenar cosas debido al apego sentimental. Cuando uno está demasiado ocupado, el desorden ocurre porque no hay tiempo para limpiar y deshacerse de las cosas innecesarias. La falta de un sistema para tratar con los objetos, así como no tener hábitos de mantener el sistema también conduce al desorden.

Puedes vaciar tu casa, pero si careces de un sistema y un hábito constante, comenzarás de nuevo a almacenar cosas en cualquier lugar, y una vez más, habrá desorden. La clave es encontrar un lugar para todo.

De todo lo que se ha dicho hasta ahora, está claro que lo que nos aleja del minimalismo podría ser la infelicidad, el estrés que lleva a querer más para escapar de la realidad, y la falta de organización, que nos lleva al desorden. Los siguientes capítulos te mostrarán cómo organizarte, evitar el estrés y encontrar la felicidad. Una vez que desbloquees los secretos de los tres principios, estarás a medio camino de ser un minimalista.

Reserva un Día para Desabarrotar.

El desorden es todo el desorden alrededor de tu oficina, en tu escritorio, en tu casa, o en tu armario como resultado de no organizar o poner tus cosas en orden. Organiza regularmente; reserva un día y una hora cada semana para limpiar y ordenar tu oficina o casa. Deshazte de los artículos que no necesites, como la ropa que ya no te pones. Despeja tu escritorio de todos los papeles que ya no son útiles.

Evita a toda costa colocar las cosas donde no van; una vez que colocas un objeto en el lugar equivocado, te acostumbras a seguir haciéndolo. Las acciones repetidas se convierten en hábitos, y los hábitos son realmente difíciles de dejar ir. No te acostumbres a tirar cosas y causar un desastre. Las personas organizadas se purgan regularmente de las cosas que ya no necesitan para crear más espacio para ellos y evitar el desastre que viene con acumular elementos innecesarios.

El desorden mental es también un área en la que tendrás que trabajar; ¡podrías fácilmente estar sufriendo de un caos mental! Tómate un tiempo para evaluar tu estado mental para evitar tener la mente sobrecargada. Usa algún tiempo para relajarte y despejar tu mente de todos los pensamientos y preocupaciones innecesarias que pueden estar nublando tu juicio. Haz esto junto con los otros consejos citados aquí.

Limpia cada aspecto de tu vida de las cosas que ya no necesitas; llevarás una vida mucho mejor y organizada, carente de desorden.

Capitulo 2: Eliminando el Estrés como un Minimalista

La vida hoy en día se ha vuelto más ocupada y más exigente que nunca, y estamos inevitablemente obligados a enfrentar y lidiar con las presiones que vienen con estos rigores cotidianos. ¿Te sientes más cansado últimamente, o estás luchando para dormir por la noche cuando te vas a la cama? ¿Pareces estar más irritable o estas más ansioso? ¿Es un asunto terrible ir a trabajar por la mañana?

Ten la seguridad de que no eres el único que se siente de esta manera. Si has tenido tales experiencias y sentimientos, lo más probable es que estés manifestando síntomas de estrés. También es un hecho que no puedes llevar una vida minimalista mientras estás bajo estrés. El estrés puede hacer que te emborraches, comas de más e incluso vayas de compras. Mientras estás bajo estrés, tenderás a hacer y adquirir cosas que realmente no necesitas sólo para escapar de la realidad que te estresa. Con el tiempo, habrás hecho y comprado un montón de cosas que realmente no necesitas en tu vida. De hecho, la mayoría de ellas son tóxicas para tu salud y tu mente. El estrés es una manifestación de nuestro cuerpo a las presiones que se ejercen sobre él tanto física como mentalmente y es desencadenado por el cuerpo liberando sustancias químicas del estrés, generalmente adrenalina, en el torrente sanguíneo en un esfuerzo por combatir las presiones a las que se enfrentan.

El estrés no es saludable y no se debe permitir que se agrave y afecte nuestra salud. Debe ser enfrentado lo antes posible, prevenirse si es posible y manejarse bien. El manejo del estrés es relativamente fácil y se puede hacer con bastante éxito haciendo ajustes sencillos en tu estilo de vida, adoptando y utilizando técnicas sencillas y comprobadas para lograr un estilo de vida más saludable, libre de presiones que estimulan el estrés.

Así que si te encuentras enfrentándote al estrés en tus actividades diarias, este libro te introducirá a técnicas sencillas de manejo del estrés que se ha demostrado que funcionan en la lucha contra el estrés. Estas técnicas te ayudarán a lidiar con el estrés en tus tareas diarias, en el trabajo y en casa para que encuentres tranquilidad. Una vida libre de estrés te dejará más feliz, más productivo, saludable, y con una cabeza fresca para llevar un estilo de vida minimalista.

Voy a profundizar y cubrir una amplia gama de técnicas simples para lidiar con las presiones de la vida y reducir el estrés mental y físico. Estas técnicas no tienen precio, y la mayoría pueden ser realizadas por cualquier persona de cualquier edad, sin ningún tipo de efectos secundarios no deseados.

Aparte de las técnicas de manejo del estrés, conoceremos las muchas causas de estrés y los signos y síntomas exhibidos por quienes lo padecen. Si no eres capaz de entender e identificar que sufres de estrés, entonces sería inútil aprender las técnicas para tratar con él. Por lo tanto, es una necesidad fundamental entender la condición y ser capaz de auto-diagnosticarla fácilmente.

Mi esperanza es presentarte estas sencillas técnicas de manejo del estrés para que puedas cosechar los beneficios de una vida sana, saludable y feliz como minimalista.

¿Qué es el Estrés?

Los estilos de vida modernos son exigentes y estresantes debido a las muchas presiones diarias que enfrentamos. Equilibrar tu vida personal y tu trabajo no es algo fácil. Entre las exigencias de tu trabajo y las necesidades de tu vida privada, estás destinado a enfrentar los desafíos del estrés.

Entonces, ¿cómo describiríamos exactamente el estrés?

Cuando nuestros cuerpos se enfrentan a una gran cantidad de presión, las sustancias químicas defensivas u hormonas se liberan en el torrente sanguíneo como la defensa natural del cuerpo. Por lo tanto, el estrés es la respuesta del cuerpo a la presión física o mental ejercida en un intento de protegerse a sí mismo.

Podemos clasificar el estrés de la siguiente manera:

1. *Estrés de supervivencia.* Esto se experimenta cuando nos encontramos en situaciones peligrosas donde uno se siente en riesgo de daño físico. Este es el tipo de estrés que desencadena una respuesta de lucha o huida.
2. *Estrés interno.* El estrés interno es causado por las preocupaciones sobre las cosas que están fuera de tu control. Esto es estrés autoinfligido.
3. *Estrés ambiental.* Esto es causado por factores en nuestro entorno, como el ruido.
4. *Cansancio.* El cansancio es causado por la fatiga que se acumula durante un largo período debido a cosas como el exceso de trabajo. El estrés está inextricablemente ligado a la vida diaria, y en un momento u otro, estamos destinados a enfrentarlo. No es del todo malo, ya que aumenta el estado de alerta y la concentración; sin embargo, es poco saludable en exceso.

Causas, Síntomas y Efectos del Estrés

Es importante que conozcas las causas, los síntomas y los efectos del estrés para su fácil identificación y manejo. Cuando sabemos lo que causa el estrés, somos capaces de planificar y vivir nuestras vidas bien lejos de los desencadenantes del estrés. Del mismo modo, al ser capaces de percibir los síntomas respectivos, podemos reconocer las señales de advertencia y actuar sobre ellas rápidamente.

Causas del estrés:

El estrés puede ser causado por cualquiera de los siguientes puntos:

- Cambios importantes en la vida como el divorcio, la

enfermedad crónica, la muerte de un ser querido

- Carga laboral
- Problemas financieros
- Trauma
- Preocupación constante
- Negatividad y pesimismo
- Miedo y ansiedad
- Expectativas poco realistas

Síntomas de estrés:

Los siguientes son signos que te permitirán saber si estás sufriendo de estrés:

- Problemas para recordar cosas
- Baja concentración
- Mucha ansiedad
- Preocupación constante
- Estar de mal humor
- Estar muy irritable y enojado
- La soledad y la reclusión
- Tristeza
- Libido baja
- Dolores y molestias
- Frecuencia cardíaca alta
- Mareos
- Trastornos de la alimentación: atracones o pasar hambre.
- Falta de sueño
- Abuso de sustancias
- Nervios

El estrés causa serios problemas sociales y de salud si no se trata bien.

Estos son los efectos secundarios del estrés:

- Trastornos mentales: depresión y ansiedad
- Problemas cardiovasculares: hipertensión, cardiopatía, apoplejía, etc.
- Problemas de peso: obesidad
- Problemas con los ciclos menstruales
- Problemas de la piel y del cabello: acné, pérdida del cabello, etc.
- Disfunción Sexual
- Problemas gastrointestinales: úlceras

Después de haber aprendido lo que es el estrés, así como sus síntomas y los efectos secundarios, vamos a ver las diferentes técnicas disponibles para que puedas hacer frente a esta condición.

Meditación para Aliviar el Estrés

La meditación es una forma antigua de transformación mental y física del cuerpo a través de técnicas que mejoran y desarrollan la concentración y la positividad. Es un método de relajación profunda que descansa la mente y el cuerpo. Permite la autorregulación de la mente para relajarse, alcanzar la claridad, y construir energía interna positiva. Hay muchos tipos y técnicas de meditación. Los más comunes son los siguientes:

- Yoga
- Tai Chi
- Meditación Zen (Zazen)

Está comprobado que la meditación ayuda a aliviar el estrés y está siendo prescrita y practicada por muchos para calmarse. El alivio del estrés requiere relajación mental y física, y la meditación la provee. Entonces, ¿cómo te ayudará la meditación a lidiar con el estrés?

- *Respiración profunda.* Este es un relajante rápido y simple. A medida que tu cuerpo absorbe mas oxígeno, habrá una mejor funcionalidad.
- *Equilibrio Mental.* Para el funcionamiento óptimo del cuerpo, el sistema nervioso debe estar en equilibrio. Recuerda que el estrés desestabiliza este balance.

La meditación conduce a un cambio positivo en el cuerpo; las células son inyectadas con más energía, lo que estimula el funcionamiento general y conduce a la paz interior, la felicidad y la motivación. Estos son los beneficios de la meditación:

- La meditación invierte o reduce la producción de hormonas del estrés, haciéndote estar tranquilo para prevenir el estrés crónico. Cuando las hormonas del estrés son sometidas o controladas, el cuerpo estará más relajado.
- Ayuda en el manejo de la presión arterial y otras condiciones cardiovasculares mediante la ralentización de la respiración y la frecuencia cardíaca.
- El sistema inmunológico se ve estimulado a través de la supresión de los productos químicos del destructivo estrés.
- La meditación mejora la claridad mental y la creatividad.
- La meditación promueve una vida pura; de hecho, apunta al logro de la pureza semejante al ser superior. Te animará a dejar los hábitos venenosos, como el tabaquismo, el abuso de drogas y el consumo excesivo de alcohol.
- Mejora el funcionamiento del cerebro al impulsar la creatividad psicológica, lo que resulta en tener una mejor memoria y una mente relajada.
- Te hace más feliz. Una persona relajada se preocupa menos.
- Duermes mejor, permitiéndote descansar más y enfrentar el día y las tareas.
- Reduce el proceso de envejecimiento a través del ejercicio

mental y físico y la supresión de las hormonas del estrés. Las hormonas del estrés aceleran el proceso de envejecimiento.

- La meditación mejorará tu metabolismo y ayudará a regular tu peso corporal.
- La meditación conduce al equilibrio y a la armonía emocional.

Meditar muy temprano en la mañana se considera más beneficioso, ya que estás bien descansado y tu entorno es sereno e ideal para la meditación. Discutiremos la meditación a profundidad en el próximo capítulo.

Correr para Eliminar el Estrés

Correr es una gran forma de combatir el estrés. Es uno de los ejercicios físicos más fáciles y beneficiosos que cualquiera puede realizar. Si te sientes golpeado por las dificultades de la vida, sal a correr por tu calle o ve al campo más cercano y corre un par de vueltas. Hay varios beneficios que experimentarás si corres regularmente:

- Correr, que es un ejercicio aeróbico, aumenta la frecuencia cardíaca y te hace sudar. Estimula la liberación de endorfinas, que son los químicos naturales del cuerpo para sentirse bien, dejando tu cerebro extasiado y haciéndote feliz.
- Eliminarás calorías, lo que ayudará con la reducción de la presión arterial y mantener las arterias en buen estado.
- El correr retrasa el proceso de envejecimiento y reduce la pérdida de huesos y músculos al construir fuerza y flexibilidad. Te mantiene activo y mejora tu salud en general.
- Al correr, tienes todo ese tiempo para ti mismo, lo que te permite procesar tus pensamientos. Puedes utilizar el tiempo para ayudarte con la clasificación de algunos problemas que puedas estar enfrentando o para pensar algunas soluciones.

- Los investigadores han descubierto que las personas que son corredores regulares llevan una vida más feliz, más libre de estrés y generalmente están más en forma que los que no practican este ejercicio. La concentración y el estado de alerta también mejoran.

Ahora, ponte esos zapatos de correr y trota hacia una vida más sana, feliz y libre de estrés. Correr se puede hacer casi en cualquier lugar a donde vayas. No tienes que preocuparte acerca de dónde realizar este ejercicio. Se recomienda beber mucha agua si eres corredor. Bebe al menos un litro de agua una hora o dos horas antes de correr. Esto ayuda a hidratar el cuerpo, y es poco probable que sufras de deshidratación. No te arrepentirás de tu decisión ya que los beneficios que acumularás serán muchos.

Haz Senderismo.

El Senderismo es un paseo relajante a través de un entorno natural, por lo general en un sendero natural, un parque, o un bosque. Al igual que correr, el Senderismo es un gran ejercicio para aliviar el estrés, aunque menos vigoroso. El Senderismo combina los beneficios de un ejercicio aeróbico eficaz, un entorno natural y sereno, y la oportunidad y el tiempo para relajarse y pensar libremente. Las siguientes son las formas en que el Senderismo ayuda al cuerpo a lidiar con el estrés:

- *Relajación Mental.* El Senderismo proporciona el tiempo y la oportunidad para la relajación de la mente al acercarte a la naturaleza. La naturaleza ha sido probada como un catalizador para la relajación mental, dándote la experiencia y las maravillas del entorno natural.
- *Energizando el cuerpo.* El Senderismo, siendo un ejercicio aeróbico, vigoriza el cuerpo y ayuda con la regulación de las hormonas del estrés. Las personas que caminan regularmente

tienen niveles más altos de hormonas para sentirse bien, como las endorfinas, que reducen considerablemente el estrés.

- *Bienestar emocional.* Cuando estás estresado, eres prisionero de emociones negativas, como la tristeza, la ansiedad, el nerviosismo, etc. El Senderismo activará la energía positiva en tu cuerpo, lo que, a su vez, aumentará tus emociones para que te sientas mejor y más feliz.
- *Ejercitar el cerebro.* Una caminata te dará silencio y el tiempo para pensar profundamente acerca de las cosas que son importantes para ti. El ejercicio aeróbico, junto con el pensamiento profundo, mejorará de manera efectiva las capacidades del cuerpo para el control del estrés.
- *Alimento espiritual.* Estar en un ambiente natural con la maravillosa serenidad ofrece al cuerpo la oportunidad de realizarse espiritualmente. Tus nervios se calmarán, y tendrás la oportunidad para la claridad mental y la relajación que normalmente no tendrías todos los días.

El Senderismo es un gran ejercicio para aliviar el estrés, y debes prepararte con antelación antes de ir a una de estas caminatas. Empaca un botiquín de primeros auxilios, agua potable y un teléfono en caso de que te ocurra un accidente. Vamos, ¿por qué no empiezas a hacer senderismo para variar? Puede ser la respuesta para lidiar con el estrés que has estado sintiendo últimamente. Así que reserva una cita con la naturaleza para hacer ejercicio (es la clave para la realización mental y espiritual) y decirle adiós al estrés.

Pedalea Para Alejarte del Estrés

¿Recuerdas lo feliz que eras montando tu bicicleta cuando eras chico? Yo lo recuerdo, y podría dar cualquier cosa para sentir lo mismo de nuevo: una sensación de felicidad y de libertad desenfrenada. Eran buenos tiempos, sin preocupaciones.

Bueno, no tienes que recordar tu infancia con tanta nostalgia, ya que puedes fácilmente traer de vuelta esos momentos al presente para reemplazar toda la ansiedad y las preocupaciones con las que te enfrentas ahora. ¿No querrías hacerlo?

El Ciclismo es otra forma de ejercicio aeróbico que es ideal para aliviar el estrés, el acondicionamiento físico y el bienestar general. Cuando te sientes abrumado por las presiones de la vida, simplemente súbete a una bicicleta y empieza a pedalear para aliviar el estrés. Montar bicicleta le dará un descanso a tu mente de los problemas que te están molestando. Bombeará algunos químicos positivos en tu torrente sanguíneo y dejará a tu corazón sintiéndose renovado y emocionalmente eufórico.

Puedes montar bicicleta después del trabajo o los fines de semana o durante tu día libre. Incluso puedes ir en bici al trabajo. Y mientras haces esto, emplea la técnica meditativa del mantra cantando una palabra o una frase positiva al ritmo de tu pedaleo. Te aseguro que te sorprenderás de lo rápido que tu mente se alejará de la negatividad y el estrés al que te enfrentas.

El Ciclismo no es una práctica costosa. Sólo compra una bicicleta, y podrás empezar. No es muy intenso si se hace para el ocio o el ejercicio, y puede ser practicado por personas de todas las edades. El Ciclismo te mantendrá en forma. Ejercita tu corazón para una mejor salud y equilibrio emocional. Ayuda a controlar las enfermedades crónicas, como la diabetes, los problemas cardiovasculares y la hipertensión.

Cuanto más saludable y mejor te sientas, menos probable es que te estreses. Súbete a tu bicicleta y disfruta de los beneficios para aliviar el estrés de los que te has estado perdiendo.

Leer Para Aliviar el Estrés

La lectura es catártica y es un gran alivio del estrés para las personas que se enfrentan a las presiones y adversidades cotidianas. La lectura relaja el cerebro y gestiona el proceso de pensamiento. Cuando lees, tu mente viaja lejos de las presiones a las que te enfrentas. Te sumerges en una historia que te llevará a mundos lejanos. A lo largo de tu lectura, serás transportado lejos de tus problemas, y esto ayuda a equilibrar tu bienestar emocional.

La lectura es un gran ejercicio mental que estimula la actividad cerebral, mejorando así la concentración y el estado de alerta. Se liberan en el cerebro las sustancias químicas que combaten el estrés y te producen una sensación de felicidad. Una mente activa es fuerte y más propensa a ser capaz lidiar con las presiones diarias. También lucharás contra el estrés a partir de la motivación y la esperanza que se derivan de la lectura de biografías y libros motivacionales. Los libros y otros tipos de literatura son fuentes de información que te permiten aprender más y aumentan tu capacidad para la resolución de problemas.

Un libro desviará tus pensamientos de los persistentes problemas o preocupaciones que te están estresando. Aparta algunas horas de tu día para leer, y verás lo mucho que puede ayudar en tus esfuerzos para enfrentar al estrés.

Cuando limpias tu mente de la negatividad, incluso por unas pocas horas, harás grandes avances en la relajación mental. Con una mente relajada, serás capaz de ser más creativo y estar más relajado, lo que te permitirá hacer frente al estrés. Una mente activa también retrasa el proceso de envejecimiento, ya que hace que te sientas más joven física y mentalmente. Un cuerpo fuerte y saludable es menos propenso al estrés.

Si la última vez que leíste fue para un examen o para una tarea de la escuela, prepara una taza de té caliente, ponte cómodo en tu asiento favorito y sumérgete en un libro. Los beneficios para tu vida y salud son grandes; necesitas probarlo. Consigue literatura que te guste. Ya se trate de un libro, revista o periódico, haz un hábito el leer regularmente para un día a día menos estresante.

Piensa en Positivo

¿Has oído hablar del pensamiento positivo? Bueno, el mundo funciona de manera muy simple, ya que las cosas en las que más piensas es lo que se manifestará en tu vida. ¡Atraes lo que piensas!

Puede parecer simplista o difícil de aceptar, pero tómate el tiempo para reflexionar, y te darás cuenta de que es verdad. Si quieres conseguir ese nuevo trabajo que solicitaste o si quieres que te asciendan, todo comienza cuando lo empiezas a desear, y luego debes creer que puedes conseguirlo sin tener una pizca de duda. Creer en ti mismo es un poderoso analgésico para el estrés. Sé positivo y optimista siempre.

El poder del pensamiento positivo es increíble; si esperas cosas buenas, tendrás una vida más feliz y menos estresante. El pensamiento positivo es un estado en el que esperas resultados favorables en cualquier cosa que hagas. El pensamiento positivo, por lo tanto, implica entrenar activamente tu mente para tener pensamientos creativos que transformen la energía en realidad. Evita detenerte en tus fracasos, y concéntrate en los éxitos. Usa las decepciones como lecciones para el futuro.

Los estudios muestran que el pensamiento positivo conduce a una vida más larga y más saludable, ya que eres menos propenso al estrés. Te conviertes en un pensador positivo al identificar los aspectos negativos de tu pensamiento, y evítalos mientras evaluas constantemente tus pensamientos para asegurarte de permanecer en lo positivo. No seas tan duro contigo mismo. Permítete momentos alegres, y tómate el tiempo para divertirte. Rodéate de personas con ideas afines que te ayudarán a construir el hábito del pensamiento positivo.

Cuando eres optimista, te vuelves menos crítico y en cambio eres más creativo y esperanzador. Una mentalidad optimista es capaz de lidiar con el estrés en el trabajo más fácil y constructivamente. El pensamiento positivo es una herramienta poderosa para combatir el estrés. Inténtalo, y te asegurarás los grandes beneficios de vivir una vida feliz y relajada.

Gestión del Tiempo

Si siempre llegas tarde y con poco tiempo, entonces lo más probable es que lleves una vida estresada. No hay nada tan estresante como la lucha por cumplir siempre con una fecha límite o ponerte al día con algo que se te olvidó. Usar apropiadamente el poco tiempo que tenemos nos ayudará a sobrellevar el estrés.

La gestión del tiempo implica métodos destinados a utilizar el tiempo de manera eficiente para realizar todas las tareas que tenemos dentro de un tiempo dado. Implica priorizar, programar y organizar. Debes evaluar tus tareas y ponerlas en orden de importancia y urgencia para evitar confusiones, conflictos y presiones de tiempo innecesarias.

Planifica las cosas con anticipación para evitar problemas de última hora en el intento de hacer algo que se te había olvidado. La buena gestión del tiempo te hace una persona más productiva. Harás más cosas dentro de un corto tiempo, y así ganarás más control de tu vida. Crea un horario y apégate a él. Tendrás suficiente tiempo libre para participar en cosas las cosas divertidas que te has estado perdiendo. Tendrás tiempo para ir al cine, jugar un juego, o hacer cualquier otra actividad que sirva para aumentar la salud y el bienestar.

La buena gestión del tiempo significa que tendrás tiempo suficiente para el trabajo, la familia y los amigos. Estos momentos con los seres queridos son los más gratificantes y alivian el estrés.

No se necesita mucho para ser un buen administrador de tiempo; todo lo que necesitas es empezar y comprometerte con ello. Un tiempo bien gestionado conduce a una vida más cómoda y feliz. Aquí están los beneficios de la gestión del tiempo para una vida menos estresante:

- Hacer más con menos tiempo.
- Obtener más tiempo libre que permite tiempo para relajarte.
- El estrés se reduce ya que no te preocupas por las fechas de entrega.
- Mayor productividad: estarás fresco mental y físicamente y

altamente motivado.

La gestión del tiempo es buena porque estarás más feliz, serás más exitoso, más productivo, vivirás una vida más plena y libre de estrés. ¿Por qué no empiezas a administrar mejor tu tiempo y disfrutas de los beneficios?

Duerme Lo Suficiente

¿Estás durmiendo lo suficiente? La falta de sueño es un gran contribuyente a las incidencias de estrés. Dormir lo suficiente es esencial en tu esfuerzo para lidiar con el estrés; durante el sueño el cuerpo tiene la oportunidad de descansar, de sanar y de rejuvenecerse. Cuando no duermes lo suficiente, eres susceptible al estrés y a otros problemas de salud porque estás emocionalmente desequilibrado.

Por lo tanto, es imperativo tener un horario para dormir y seguirlo de forma que acondiciones tu cuerpo a una rutina para descansar lo suficiente. De hecho, la falta de sueño es una gran fuente de estrés ya que estarás cansado, irritable y disminuirá tu creatividad. Entre el trabajo y tus asuntos personales, probablemente termines sin dormir lo suficiente.

Se recomienda dormir durante seis horas para lograr un descanso óptimo. ¡Sin embargo, muchos de nosotros no alcanzamos este objetivo, ya que los estudios muestran que la mayoría de nosotros dormimos tan sólo dos horas y un máximo de cuatro horas en un ciclo de veinticuatro horas! No dormimos lo suficiente debido a nuestros malos hábitos a la hora de ir a la cama, que terminan interfiriendo con nuestro sueño. Para dormir mejor y más tiempo, prueba lo siguiente:

- Establece un horario para dormir; dormirás mejor si tu hora de acostarte es predecible. Tu cuerpo se adaptará y descansarás más.
- No ingieras una comida muy pesada para la cena; toma una

comida ligera por lo menos dos horas antes de irte a la cama.
- El ejercicio físico es un gran inductor del sueño; haz ejercicio tres o cuatro horas antes de dormir.
- No tomes bebidas con cafeína cerca de tu hora de dormir. Tu última bebida con cafeína debe ser seis horas o más antes de acostarte.
- Mantente alejado del alcohol de cuatro a seis horas antes de tu hora de dormir, o esto interrumpirá tu sueño.

Duerme bien para mantener el equilibrio emocional, despertarás fresco, bien descansado y energizado. Cuando tu cuerpo tiene este balance, puedes manejar o evitar el estrés con facilidad.

Escucha Música Relajante

La música es muy relajante y tiene la capacidad de cambiar el estado de ánimo de manera positiva, actuando en nuestras mentes para evitar el estrés. Actúa rápidamente, está disponible y te aliviará del estrés. El efecto calmante de la música tiene una relación distintiva con nuestras emociones. La música es una manera eficaz de hacer frente al estrés. La música clásica lenta es extremadamente pacífica y tiene un efecto positivo en nuestros cuerpos y mentes. Este tipo de música tiene sus ventajas: ralentiza el ritmo cardíaco, reduce la producción de hormonas de estrés y baja la presión arterial.

La música absorbe nuestros pensamientos para distraernos de cualquier preocupación que pueda permanecer en nuestra mente. La mayoría de las veces cuando estás estresado, tu mente tiende a desviarse, haciendo que pienses en las cosas que te causan más ansiedad. Sin embargo, la música actúa como un cojín y ayuda a tu mente a relajarse y concentrarse mejor.

Durante años, la música ha sido usada para tratar dolencias y restaurar la coherencia y el equilibrio entre el cuerpo y la mente. Además, las investigaciones apuntan a que la música es terapéutica de las siguientes maneras:

- Algunas composiciones musicales pueden ayudar a las personas discapacitadas impulsando la armonización y la comunicación y mejorando su vida.
- El uso de auriculares al escuchar música puede disminuir la ansiedad y el estrés, especialmente cuando uno está a punto de ir a cirugía y después de la cirugía.
- Durante el dolor extremo o después de una cirugía, se ha sabido que la música alivia y disminuye el dolor.
- También se sabe que la música alivia la depresión y mejora la autoestima en las personas mayores.
- La música relajante ha demostrado mejorar el estado de ánimo y reducir el agotamiento.
- La música es terapéutica, especialmente para los pacientes con cáncer. Mejora la calidad de vida y reduce el trauma emocional.

La música es comida para el alma; la próxima vez que te enfrentes a la adversidad o te sientas desanimado por la fatiga mental o alguna otra preocupación, pon tu música favorita. Disfruta de las vibraciones relajantes y positivas que te proporciona la música.

Comparte tus Problemas; Habla con Alguien

Un problema compartido es un problema resuelto o medio resuelto. Compartir nuestros problemas es terapéutico y una solución rápida al estrés. Ponerle una tapa a tu sufrimiento y guardártelo es una carga emocional y es muy poco saludable. Muchos de nosotros somos ferozmente independientes y querríamos resolver nuestros problemas por nuestra cuenta. Sin embargo, hay un punto en el que es mejor hablar con alguien sobre lo que está pasando.

Las emociones reprimidas y el sufrimiento te convertirán en una persona muy estresada y desequilibrada. Busca a alguien en quien confíes (un amigo o pariente) para que te escuche y te darás cuenta del gran impacto positivo que esto tendrá en ti. Hablar con alguien tiene los siguientes beneficios:

- Compartir tus problemas te ayudará a deshacerte de las malas emociones, como las preocupaciones, la ansiedad, etc. Te sentirás mejor después ya que habrás dejado ir la carga emocional.
- Tu dolor se reduce ya que tendrás a alguien compartiendo tu problema y empatizando contigo.
- Las soluciones a tus problemas son más fáciles de conseguir, ya que serás aconsejado fácilmente por el que te escucha.
- Al compartir, llevarás una vida más saludable ya que eliminarás los efectos de la angustia emocional causada por la agitación emocional reprimida.
- Simplemente te sentirás mejor y más feliz por haber hablado de lo que sea que te esté molestando.

Al compartir, nos sacamos la carga del pecho, dejándonos emocionalmente recaragados, relajados, y más fuertes. También evita que la situación se deteriore hasta convertirse en un problema más grave, como la depresión o el colapso emocional. Con un estado mental relajado, más estable, tienes la claridad y la fuerza para manejar tus problemas y te será más fácil solucionarlos para una vida libre de estrés.

A partir de ahora, si te encuentras en un lugar difícil emocionalmente y te sientes estresado, busca a alguien con quien puedas compartir tu problema, y disfruta del alivio del estrés que viene con esto.

Deberías Reírte Más

Los beneficios de la risa para hacer frente al estrés y para una vida más saludable son numerosos. Está demostrado que el humor es una herramienta poderosa para aliviar el estrés. Trata de reír y estar animado a pesar de los tiempos difíciles. La risa encuentra la forma de contagiarse con los demás. Así que si eres feliz, los que te rodean te seguirán, y estarás rodeado de felicidad. Una vida feliz es una vida libre de estrés. La risa aumenta la ingesta de oxígeno y estimula el funcionamiento de los órganos del cuerpo, como el corazón, el cerebro y los pulmones. Tu ritmo cardíaco también se afecta positivamente para un mejor flujo sanguíneo y el bienestar cardiovascular.

Al reírte todo el tiempo, te beneficias de la relajación de los músculos y el alivio de la tensión. Tu inmunidad mejorará gracias a la liberación de químicos que luchan contra el estrés. Todo el dolor que estás sufriendo emocionalmente e incluso físicamente se reduce por la risa, que desencadena la producción de las hormonas naturales que disminuyen el dolor en el cuerpo. Una persona feliz es un imán que atrae a la gente, esto mejorará tu vida social y tu estado emocional.

Así que cuando estés abatido, sonríe, y te sentirás mejor. En cualquier caso, las dificultades pronto pasarán, y con un enfoque positivo y feliz, sobrevivirás. La risa somete los pensamientos tóxicos que atraen el estrés, te ayuda a olvidar tus preocupaciones, y te permite concentrarte y trabajar en tus tareas. Sé feliz y agradecido por las cosas buenas con las que haz sido bendecido; piensa en ellas cuando estés estresado. Reír y sonreír te asegurarán una vida libre de estrés.

Un buen sentido del humor no es una panacea, pero mejora la forma en que luces, tu salud, y tu posición social. Una buena carcajada te hará mucho bien. Sonríe y ríe más. La risa es la mejor medicina.

Comer Alimentos Saludables

La comida es el combustible y la fuente de nutrientes para el cuerpo. Es una parte integral de nuestro bienestar general y buena salud. Es importante que comamos los alimentos adecuados y que comamos bien para mantenernos saludables. Un cuerpo sano es capaz de defenderse de los efectos secundarios del estrés con facilidad.

La comida y el estrés están entrelazados; cuando se enfrentan a la adversidad, algunas personas tienen un repentino deseo de comer mientras que otros perderán su apetito. Por lo tanto, es necesario que conozcamos los alimentos adecuados para comer, especialmente cuando estamos bajo algún tipo de estrés. Cuando nos encontramos con el estrés, anhelamos alimentos de confort, como grasas y azúcares. Estos alimentos no son saludables. Nos causarán daño y más estrés. Para mantenernos saludables y manejar el estrés, tenemos que evitar las siguientes conductas:

- Consumir mucha comida rápida. Son poco saludables y más caras que cocinar para ti a largo plazo.
- Saltarse las comidas. Es un catalizador para el estrés. Si te saltas las comidas, es probable que te sientas fatigado y menos alimentado, por lo tanto, susceptible al estrés.
- Tomar demasiadas bebidas con cafeína. Esto interfiere con tu sueño y evita que descanses adecuadamente.
- Comer la comida equivocada. Ten una dieta equilibrada y resiste la tentación de comer demasiados alimentos ricos en grasas y azúcares. Estos alimentos sólo nos llevarán al aumento de peso y problemas cardiovasculares.

Una dieta pobre te dejará con problemas de desequilibrio hormonal y problemas de peso (ya sea que estés perdiendo peso o ganando demasiado). Desarrollarás un sistema inmune débil y es probable que seas más susceptible a enfermedades. Una alimentación poco saludable también conducirá a un desequilibrio del azúcar en la sangre, que puede conducir a la diabetes.

El estrés hace que el cuerpo queme nutrientes. Los consumes mucho más rápido de lo normal; es por eso que debes mantener una dieta saludable. Es sabio que repongas estos nutrientes para hacerle frente al estrés.

Equilibrio Entre Trabajo y Vida Privada

¡Tanto trabajo sin juego hace de Jack un chico aburrido! Esa vieja cita es muy cierta; necesitas tener algún tiempo lejos de tu trabajo para divertirte y participar en las cosas que te emocionan y que hacen bombear tu sangre.

La mayoría de los adultos que están estresados pueden rastrear la fuente de este estrés en sus lugares de trabajo porque pasan demasiado tiempo trabajando. Por lo tanto, es importante equilibrar el tiempo que pasamos trabajando y el tiempo para nosotros mismos para tener una vida más saludable. El equilibrio trabajo-vida consiste en dividir tu tiempo efectiva y adecuadamente entre el trabajo y tu vida privada. Si dejas que el trabajo consuma la mayor parte de tu tiempo y descuidas tus necesidades personales, terminarás estresado. Cuando tu vida personal está en orden, es menos probable que estés estresado ya que te preocuparás menos. Tu mente no se dividirá entre lo que necesitas hacer en el trabajo y los asuntos personales que esperan tu atención.

Pasa tiempo con tu familia y amigos; será relajante y saludable para ti. ¿Cuándo fue la última vez que manejaste bicicleta o fuiste de compras con tus hijos? Estas actividades mundanas son la base para una vida sana y bien balanceada, desprovista de estrés. Si tu vida privada te trae felicidad, serás capaz de hacer frente a las presiones de la vida.

Después de pasar tiempo con tus seres queridos, necesitas reservar tiempo personal para cosas que son gratificantes para ti mismo. Ve a que te den un masaje o a correr un par de vueltas en el campo. Ofrece tus servicios para una causa digna. Tales actos son grandes para impulsar tu bienestar emocional. Si encuentras un equilibrio saludable entre el trabajo y la vida, cosecharás muchos beneficios. La nutrición y el cuidado personal son importantes para la salud en general. Crea un balance entre tu vida privada y profesional para una vida sana libre de estrés donde estés más feliz y revitalizado.

Escribe; Coge tu Bolígrafo y Papel

Otra técnica para lidiar con el estrés es escribir; especialmente cuando uno está muy estresado o deprimido. Poner tu experiencia, sentimientos y pensamientos en un diario es muy terapéutico para recuperarte y para derrotar el estrés.

Escribir funciona aclarando tu mente y pensamientos, y es una forma de terapia en el sentido de que te obliga a recordar eventos y pensamientos del día y ponerlos sobre el papel de forma que tendrás la oportunidad de entender mejor lo que pasó. También es meditativo porque ralentiza tu corazón a medida que te enfocas en tu escritura, transmitiendo tus pensamientos al papel.

La escritura estimula el funcionamiento del cerebro, mejora tu agudeza mental y la concentración, así como tu vocabulario. Por lo tanto, estarás mejor preparado para manejar situaciones estresantes. Cuando escribes con regularidad, los factores desencadenantes del estrés en tu cabeza se interrumpen, lo que te permite relajarte y dormir mejor. Te levantas descansado y con energía. Escribir también combate la ira al trasladar los pensamientos de tu mente a tu libreta, ofreciéndote una plataforma para desahogarte.

Cuando escribes tus preocupaciones y problemas, es más fácil resolverlos; escribir te permite identificar cuál es el problema. Piénsalo bien con el tiempo, y lo más probable es que se te ocurra una gran solución sin prisa para disipar el estrés que puedas tener. Tener una lista de tareas o un horario te ayuda a concentrarte y organizarte. Puedes planear por adelantado para evitar apurarte a última hora o procrastinar, cosas que sólo sirven para hacer la vida estresante.

La escritura mejorará tu sistema inmunológico; al ralentizar tu respiración, serás capaz de respirar más oxígeno para nutrir mejor el cerebro y la sangre, lo que conduce a una curación más rápida y una capacidad mejorada para luchar contra los patógenos. Una mejor respiración también fortalece los pulmones, lo que tiene un efecto positivo en la lucha contra las enfermedades respiratorias como el asma.

Para cosechar los beneficios que tiene escribir en contra del estrés, no importa sobre qué escribas. Lo principal es ser capaz de anotar tus pensamientos y revisarlos. ¡No tienes que ser un John Grisham! Anota lo que está en tu mente porque el poder de curación está en ti, debes dejar salir los pensamientos negativos que pesan en tu mente.

Capítulo 3: Meditación para el Minimalismo

Varias religiones abogan por la meditación. Un ejemplo es el Budismo y la forma en que sus monjes practican un estilo de vida minimalista. Los monjes sólo persiguen las necesidades, no las cosas que quieren. Viven sus vidas en un mínimo y la meditación es una de las herramientas que ayudan en su reflexión, satisfacción y simplicidad en la vida. La palabra meditación se origina de la palabra del latín "Meditatio", y significa pensar, reflexionar o contemplar.

La meditación es una forma de transformar la mente y el cuerpo a través de técnicas que mejoran y desarrollan la concentración y la positividad. Es un método de relajación profunda que descansa la mente y, a su vez, el cuerpo. Dicho simplemente, ¡la meditación es paz mental!

El objetivo de la meditación es lograr la autorregulación de la mente mediante el uso de las diversas técnicas de meditación para la relajación, la claridad mental y la construcción de energía positiva interna. Es este extremo el que ayuda a manejar los problemas de salud, como la ansiedad, la depresión y la hipertensión arterial. El cuerpo es alimentado y sanado a través del descanso. Lograr el descanso profundo y la relajación por medio de la meditación es, por lo tanto, ideal para rejuvenecer el cuerpo y para estar sereno mentalmente.

La investigación ha demostrado que el grado de descanso logrado cuando uno está meditando es mayor que el que se logra con el sueño. Los resultados son increíbles; ¡veinte minutos de meditación profunda han sido equiparados a siete horas de sueño! La meta deseada de claridad mental, positividad y paz es alcanzada a través de la práctica regular de técnicas meditativas. Para la máxima cosecha de los beneficios, dedícate a este arte; a lo largo del tiempo, tu cuerpo conseguirá el ritmo y el tono de la paz interior.

Breve Historia

La meditación tiene una larga y rica historia; este arte de bienestar mental y físico es datado tan atrás como algunas de las mas antiguas civilizaciones y religiones. La meditación está estrechamente relacionada con la religión en muchos lugares donde se practica tradicionalmente, y puede tener sus raíces en la religión.

Las técnicas de meditación fueron empleadas para el logro de un propósito más elevado en la búsqueda de la perfección divina: para llevar a quien las practica más cerca del creador. La investigación dice que la evidencia más temprana de la meditación está en los textos de las escrituras hindúes. Es a partir de estos comienzos que otras formas de meditación se desarrollaron en Asia y en Oriente. En el siglo VI y V, la meditación fue adoptada en China por taoístas e hindúes, jainistas y budistas en la India.

En el Islam, el sufismo y el Dhikr practican la meditación a través de repeticiones de palabras, cánticos, movimientos y respiración controlada.

En Occidente, la meditación cristiana apareció alrededor del siglo VI durante las lecturas bíblicas entre los monjes benedictinos. Formas modernas de meditación que la mayoría de nosotros practicamos hoy en día, aparecieron en la India en la década del 1950 como formas seculares de técnicas de meditación que están más orientadas hacia la reducción del estrés, la auto-mejora y la relajación. Las formas modernas de meditación no se centran en la espiritualidad.

De hecho, la meditación fue utilizada por estas religiones como técnicas para acercar a los practicantes a Dios, porque cuanto más cerca uno estaba de Dios, uno estaba mas lleno de paz y alcanzaba mayor claridad mental. Con la breve historia y el conocimiento de la meditación, veamos los diferentes tipos y técnicas de meditación practicadas alrededor del mundo.

Tipos o Técnicas de Meditación

Varios tipos y técnicas de meditación están en uso, por lo tanto, no es posible incluir cada detalle dentro de este capítulo. Las técnicas meditativas son cientos, pero todas están Unidas por el hilo común que apunta a lograr la paz interior del practicante.

En primer lugar, todas las prácticas meditativas se involucran en técnicas de control mental como una manera de lograr la relajación y la paz. En segundo lugar, hay posturas y movimientos del cuerpo que se encuentran en todas las formas de meditación. Estas dos características son evidentes en todas las prácticas meditativas que apuntan a un objetivo común. La meditación ayuda a aliviar nuestros cuerpos y mentes de los efectos tóxicos del estrés. Nos relaja y trae la tranquilidad que todos anhelamos.

Antes de seleccionar tu estilo o técnica de meditación preferida, es imperativo que lleves a cabo una investigación exhaustiva y desmitifiques las diferentes practicas. Interrógate a ti mismo. Averigua y decide cuáles son tus metas con la meditación, esto te ayudará a elegir la técnica correcta para ti. En algunos casos, tendrás que conseguir un maestro o unirte a una escuela de meditación para que te aconsejen y entrenen.

Hay tipos de prácticas meditativas que no pueden ser realizadas por principiantes, personas con ciertas condiciones o enfermedades, o personas mayores, por ejemplo. La búsqueda de la información correcta te guiará a la técnica correcta.

También te servirá si seleccionas un estilo de meditación o técnica que esté en sintonía con tu estilo de vida. La meditación requiere constancia, regularidad, disciplina y un alto compromiso para poder ver sus frutos. Con los muchos tipos de meditación en existencia, generalmente podemos categorizar la meditación de la siguiente manera:

- *Meditación concentrada*. En la meditación concentrada, la mente se dirige a un objeto en particular, canto/mantra, sonido o sensación. El practicante concentrará su mente y energía en un punto focal de su elección que funcione mejor para ellos en un esfuerzo por despejar y calmar sus mentes y cuerpos. En caso de que estés comenzando, esta es la mejor técnica de meditación para ti.

- *Meditación de atención plena.* Este tipo de meditación no se basa en enfocar la mente en un objeto, sino que se basa en sentimientos, sensaciones, emociones y patrones de pensamiento para lograr un estado meditativo. Este es un tipo más avanzado de meditación que no es para todos, especialmente para principiantes.

- *Transcender sin esfuerzo.* Esta técnica de meditación también se conoce como "sin esfuerzo", ya que no implica ningún esfuerzo mental o concentración. Algunas personas también se refieren a esta técnica de meditación como "ser puro" o "trascendental". Esto se debe a que se centra en estar vacío, introvertido y mantener la calma. El objetivo es eliminar todos los pensamientos y permitir que una persona identifique su verdadera importancia y naturaleza. Con la práctica constante, la mente se convierte en un espacio abierto que permite la relajación. Se ha comparado con masajear el cerebro. El procedimiento sobrenatural te ayudará a mantener tu mente tranquila. En consecuencia, estarás mas despierto, mas alerta. Las personas que ejercen este tipo de técnica de meditación pueden pasar por un estado de sentimiento de vacío o de no existencia. Además, este estado trae una buena sensación.

Lo que sigue son técnicas de meditación.

Meditación Budista

- *Meditación Zen (Zazen).* Zazen es un término japonés que

significa "Zen sentado" o "meditación sentado", que se refiere a la forma de la meditación Zen que se practica mientras se está sentado. Zazen se origina en el budismo Zen chino. Se hace sentado en el suelo, generalmente sobre una alfombra, con las piernas cruzadas. Esto se hacía tradicionalmente en la posición "lotus" (loto) o del "half-lotus" (medio loto). Para la mente, Zazen emplea dos técnicas:

1. Concéntrate en respirar. El practicante prestará atención a la inhalación y la exhalación mientras que en silencio cuenta hacia abajo con cada respiración.
2. Shikantanza: Aquí no hay ningún objeto específico de meditación. Uno permanece en el momento siendo consciente de lo que pasa por su mente y lo que pasa alrededor.

- *Meditación Vipassana*. Vipassana significa ver claro o profundizar y es un tipo budista de meditación. Es ideal para el descubrimiento mental y la concientización. Comienza con la atención plena en tu respiración para estabilizar y enfocar la mente en la meditación. Luego concientiza tus sensaciones corporales y los fenómenos mentales. Siéntate en el suelo con las piernas cruzadas y la espalda recta.
- *Meditación de atención plena*. La meditación de atención plena, también conocida como mindfullness, combina prácticas de varios métodos de meditación budista. Es ampliamente utilizada en hospitales como forma de tratamiento. Aquí, el practicante se enfocará en el momento sin perder la conciencia de los pensamientos y emociones experimentadas.
- *Meditación religiosa/espiritual*. Estas son prácticas meditativas que se practican entre las diferentes religiones; recuerda que la espiritualidad es un camino para lograr la paz de la mente y

la relajación. Aquí la meditación y la oración se combinan para alcanzar el desarrollo espiritual mediante la reflexión de la palabra de Dios. La meditación es una comunión con el ser, con el objetivo del desarrollo espiritual o divinidad. La meditación en la religión es practicada para lograr la paz de la mente, estabilizándola y enfocándola para darle al practicante la habilidad de concientizar.

Un practicante de la meditación cristiana dijo que Dios es buscado a través del estudio de la escritura, pero a través de la meditación, él es encontrado. Hay prácticas meditativas en casi todas las religiones que prueban el estrecho vínculo entre la espiritualidad y la meditación. Las prácticas meditativas del sufismo son algunas de las más elaboradas de la meditación religiosa. Los practicantes entran en un ritmo de canto y movimiento que eventualmente transporta a los participantes a un reino espiritual. En el cristianismo, hay ejemplos con los católicos y las sectas ortodoxas que tienen mantras u oraciones repetitivas.

Meditación Metta

Este estilo de meditación también se conoce como la meditación de la bondad amorosa, y se origina en el Tíbet. Esta forma de meditar realza la empatía y la compasión para hacer que uno se ame a sí mismo y a los demás. El practicante se sentará y cerrará sus ojos, luego generará sentimientos de bondad y compasión en su mente hacia si mismo y luego hacia otros.

Como el nombre lo sugiere, este tipo de meditación tiene como objetivo crear armonía con el entorno. Trata todas las cosas con bondad, y las recompensas son felicidad y compasión para ti. Emites felicidad, y el mundo te la devuelve.

Meditaciones Hindúes

Las formas védicas y Yógicas de meditación son formas hindúes y se clasifican así:

- *Meditación con Mantra.* El Mantra implica la repetición de una palabra o frase para enfocar la mente.
- *Meditación trascendental .* Las técnicas trascendentales apuntan a abrir la mente
- *Meditación de Yoga.* Yoga significa "unión", y existe en diferentes formas. Yoga combina la relajación de la mente y prácticas de concentración con movimientos de estiramiento. De todas las prácticas meditativas, el yoga es la más popular de las formas seculares de meditación y tiene el mayor número de seguidores entre los tipos de meditación no religiosa o espiritual. Encontrarás que la mayoría de las personas que meditan están practicando una forma de yoga. Entonces, ¿cómo utilizamos estas técnicas para la auto-mejora y relajación? Conozcamos primero los beneficios de la meditación.

Beneficios de la Meditación

Hay varios beneficios aparte de los que hemos discutido en los capítulos anteriores; no es de extrañar entonces que la meditación sea promovida como una alternativa al tratamiento clínico para curar y manejar varias condiciones de salud y para el bienestar general. La meditación lleva al cuerpo a experimentar un cambio. Las células del cuerpo son inyectadas con más energía, resultando en paz, felicidad y motivación a medida que los niveles de energía en el cuerpo aumentan. Aquí están los beneficios de las prácticas meditativas:

1. La meditación invierte o reduce la producción de hormonas

de estrés (adrenalina) al crear calma y erradicar la ansiedad para prevenir el estrés crónico. Con las hormonas del estrés controladas o reguladas, el cuerpo está más relajado.

2. Es buena para controlar la presión arterial y otras enfermedades del corazón o condiciones, ya que la frecuencia cardíaca y la respiración se ralentiza. Cuando no estamos estresados, preocupados o ansiosos, la frecuencia cardíaca es lenta. Como resultado, la presión arterial también se reduce. La meditación puede ayudar en gran medida con condiciones como la presión arterial alta, ya que funciona para crear calma y relajación.

3. Estimula el sistema inmunológico y retrasa el envejecimiento como resultado de una menor producción de adrenalina por parte del cuerpo. El sistema inmunológico se beneficia ya que uno termina siendo más saludable como resultado de la supresión de los productos químicos de estrés destructivo.

4. La meditación trae claridad mental y la creatividad se realza. Con una mente relajada, serás más creativo y productivo.

5. Las técnicas meditativas abogan por una vida pura y de hecho, el objetivo de la meditación es alcanzar la pureza afín al ser superior, por lo que los practicantes se encuentran abandonando los hábitos venenosos, como el tabaquismo, el abuso de drogas y el consumo de alcohol.

6. El funcionamiento del cerebro se mejora en gran medida a través del impulso de la creatividad, una mejor memoria, y una mente relajada.

7. La meditación te hace más feliz ya que tu mente y tu cuerpo se sienten mejor. Una persona relajada no tiene preocupaciones y será una persona más feliz.

8. Dormirás mejor ya que estás relajado, lo que te permite tener un mejor descanso para enfrentar el día y sus tareas.

9. La meditación reduce la rapidez con que envejecemos

mediante el ejercicio físico y mental. Las personas que meditan tienen un proceso de envejecimiento más lento. Las hormonas del estrés aceleran el envejecimiento mientras que la meditación es conocida por detener o reducir significativamente su producción.

10. La meditación reduce o elimina el estrés. Una persona que medita es un individuo tranquilo y feliz que es esencialmente inmune a los efectos del estrés.

11. Una persona más relajada y más feliz tiene el beneficio de un mejor funcionamiento de su cuerpo; la inmunidad se refuerza y las enfermedades se mantienen a raya.

12. Cuando uno abraza la meditación con todos sus principios y la comprende, considera que la vida tiene mas valor, ya que aprende el verdadero significado y propósito de la vida.

13. Los ejercicios meditativos mejoran el metabolismo y ayudan a regular el peso combatiendo la obesidad.

14. La meditación te ayuda a sentirte más conectado y en sintonía contigo mismo.

15. La meditación trae equilibrio emocional y armonía.

16. La transformación personal es inevitable con la meditación. El resultado final es que te transformas en un nuevo ser.

Se recomienda que medites al menos una vez al día para obtener resultados óptimos. La meditación del amanecer es altamente recomendada por lo general entre las 3:00 a.m. y las 6: 00 a.m. La meditación al amanecer se considera más útil porque te hace estar más alerta y más relajado después de una noche de sueño. El ambiente también es tranquilo e ideal para la meditación.

Usando la Meditación para lograr la Relajación

La relajación es un estado de calma mental, física y serenidad donde uno está libre de tensión y ansiedad. Las prácticas de meditación reducen la tensión muscular, reducen la presión sanguínea, calman la mente y eliminan el estrés en general.

Una respuesta bautizada "respuesta de relajación" es provocada cuando uno está relajado. Contradice la respuesta de estrés que uno experimenta cuando está bajo coerción. La meditación es una forma segura de generar la respuesta de relajación. La meditación constante generará la respuesta de relajación, dándote más control de tu cuerpo para una vida libre de estrés. Las siguientes son las técnicas de relajación más utilizadas:

- *Relajación muscular progresiva*. Este método se utiliza con el fin de relajar la tensión muscular profunda. La tensión en los músculos aumenta la ansiedad, y esta técnica reducirá la tensión muscular y bajará la frecuencia cardíaca y la presión arterial. Se puede practicar acostado boca arriba o sentado. Tensas cada grupo muscular durante unos segundos y luego te relajas. Esto se repite hasta que todo el cuerpo se relaje.
- *Respiración profunda*. La respiración profunda enfatiza el control de la respiración y se enfoca en la respiración para lograr un estado de relajación. Toma respiraciones profundas desde el estómago, llenando de aire tus pulmones. Respirar profundamente significa más oxígeno en tu sistema. Más oxígeno significa menos tensión y ansiedad. La respiración profunda es una técnica de relajación simple pero poderosa que se aprende fácilmente, y se puede hacer casi en cualquier lugar. Ofrece una solución rápida para manejar los niveles de estrés. Recuerda que la respiración profunda es la base de otras técnicas de relajación y se puede aplicar junto con otras herramientas de relajación, como la aromaterapia y la música. Puedes utilizar la siguiente rutina para tu técnica meditativa de respiración profunda:

1. Siéntate con la espalda enderezada. Con una mano en el

pecho y la otra en la panza. Tus manos son las que te guiarán a través del proceso de respirar.

2. Inhala con la nariz; la mano apoyada en tu vientre será empujada hacia arriba mientras que la del tórax experimentará muy poco movimiento.

3. Bota el aire usando la boca, y expulsa la mayor cantidad de aire posible. Tensa los músculos del vientre mientras lo haces. La mano que se coloca en el estómago se moverá hacia adentro mientras exhalas, la otra mano casi no se moverá.

4. Continúa inhalando con la nariz y exhalando por la boca. Inhala suficiente aire para que tu abdomen inferior se eleve y caiga.

5. Cuenta hacia abajo lentamente mientras exhalas.

6. Si respirar desde el abdomen es un problema mientras estás sentado, recuéstate en una superficie plana, el suelo es ideal.

7. Pon uno objeto ligero sobre tu vientre. Este actuará como guía cuando respires. El objeto debe moverse hacia arriba a medida que inhalas y debe bajar a medida que exhalas.

- *Método de tensión/relajación.* Esta técnica es similar a la relajación progresiva donde se tensan y relajan los músculos para la relajación.

- *Método autógeno.* El método autógeno también se trata de control muscular para terminar más tranquilo y relajado.

- *Imágenes guiadas o técnica de visualización.* Esto puede practicarse solo o junto con la relajación progresiva. Después de haber relajado tus músculos, puedes entrar en el método de visualización y utilizar imágenes mentales para relajar tu mente. El método de visualización es una variación de las formas tradicionales de meditación. Requiere el uso de todos los sentidos: vista, gusto, tacto, oído y olfato. El método de visualización implica la creación de una imagen en tu mente, dejándote en paz y libre para soltar toda la tensión y ansiedad.

- *Auto-hipnosis.* Esto se refiere a una especie de meditación guiada, se trata de escuchar a una grabación para lograr una relajación prolongada. Tan pronto como llegues a una condición de relajación prolongada, estarás más abierto a la sugestión, dando al hipnoterapeuta la oportunidad de enfocarse en algunos de tus pensamiento para su mejora.

- *Meditación estándar.* Hay muchos tipos de meditaciones guiadas estándar, muchas tienen diferentes objetivos y propósitos. Las meditaciones guiadas no son las mismas, por lo que debes saber cuál es la que estás usando y con qué propósito.

- *Escáner corporal.* Esta es una técnica guiada de meditación en la que una grabación ofrece instrucciones a una persona para concentrare en una determinada parte del cuerpo y concientizar cualquier tensión. Escanear tu cuerpo te permite percibir fácilmente cualquier estrés o dolor, en cualquiera de sus partes. Puedes escanear tu cuerpo mientras está sentado o acostado cómodamente. Un escáner de cuerpo completo toma un tiempo (hasta una hora), aunque hacerlo varias veces por corto tiempo tiene un impacto más fuerte.

- *Meditación de ondas cerebrales.* Este tipo de meditación apunta a las ondas cerebrales para aliviar el estrés y la relajación. Las meditaciones de ondas cerebrales comienzan con una voz guía, que por lo general es sólo música relajante y sonidos. El objetivo es mantener la mente enfocada en el tono específico o el ritmo que se está reproduciendo.

- *Meditación con afirmaciones.* Esta técnica meditativa usa afirmaciones para plantar una cierta manera de pensar o para generar sentimientos particulares dentro de la mente. El mensaje es recibido y se hunde mejor en tu cerebro. Durante la relajación, serán declaradas afirmaciones positivas conectadas a un área específica, como la salud, la relajación, el estado de ánimo o la confianza. Cada vez que desees comenzar con una técnica de relajación, haz lo siguiente:

1. Selecciona un lugar silencioso, sin perturbación.
2. Ponte cómodo, sentado o acostado.
3. Afloja tu ropa y libera tus brazos y piernas.
4. Baja las luces.

Dominar estas técnicas de relajación llevará tiempo. A medida que transcurre el tiempo, tu cuerpo estará sincronizado con el proceso de los métodos de relajación. Una vez que domines esto, tendrás el poder de lograr una relajación intensa. Haz estas prácticas parte de tu estilo de vida, y realizalas diariamente. No es fácil reservar tiempo para la meditación, pero puedes poner estas técnicas en práctica mientras realizas otras actividades.

Es posible meditar en un autobús o mientras viajas en el transporte público. Las técnicas "Mindfulness" se pueden poner en juego mientras caminas, paseas a tu mascota o mientras almuerzas en el parque. Sin embargo, si puedes dedicar un tiempo todos los días para la relajarte, hazlo para la previsibilidad y la facilidad.

No intentes estas técnicas de relajación mientras tienes sueño, ya que te quedarás dormido y no lograras tu objetivo. La relajación requiere la máxima concentración y vigilancia. Nadie es perfecto, especialmente al principio. No te pellizques por faltar a algunas sesiones. El objetivo principal es impulsarte para que después de un tiempo adoptes la rutina.

Paz Mental

La paz mental es la llave para que vivas una vida satisfecho y contento. La felicidad, la buena salud y el éxito debe ser alcanzado por cada uno de nosotros. La meditación es uno de los caminos hacia la paz mental, que abrirá caminos hacia una vida sana. Cuando nos fijamos en los muchos beneficios de las prácticas meditativas mencionadas anteriormente, se refieren a un estado donde el cuerpo está en control total y plenamente funcional. Los malos hábitos son desechados por una conciencia más pura de la salud. La fuerza mental y el funcionamiento del cerebro se mejoran y se nutren en gran medida. La inmunidad aumenta, lo que conduce a menos o ninguna enfermedad.

Estamos menos estresados y mucho más felices cuando meditamos regularmente. La felicidad y el bienestar generan paz mental; uno se vuelve consciente y se pone en sintonía con uno mismo. La plena conciencia de uno mismo se logra, y con ello viene la paz. Cuando tu mente esté tranquila, serás más productivo. Te relacionarás mejor con la gente que te rodea: tu familia, amigos, colegas en el trabajo, extraños con los que te encuentras. Te vuelves más agradable a medida que la felicidad y la paz que emanas se transmite a otros. La meditación, efectivamente, conduce a la paz mental. Comenzaras a meditar, ¿verdad?

Técnicas Rápidas y Sencillas para la Práctica de un Principiante

Ahora que tienes todo el conocimiento previo que necesitas, es el momento de profundizar en la práctica. Hay muchos tipos de técnicas de meditación con las que puedes familiarizarte, y este capítulo intentará darte tantas opciones como sea posible para ayudarte a empezar con buen pie.

Rápido y Sencillo: Técnicas Sobre la Marcha

Hay demasiadas personas por ahí que no tienen suficiente tiempo en sus manos pero todavía quieren practicar la meditación. Aunque puedes meditar en cualquier lugar y en casi cualquier circunstancia, es importante que comiences con algunas prácticas para principiantes que no tomarán demasiado tiempo. Todos los ejercicios en esta sección se pueden hacer dentro de diez minutos, pero puedes hacer que duren más tiempo si lo deseas.

Cuando estás utilizando ciertas técnicas para adaptarte a un limite de tiempo determinado, tienes que sacar los pensamiento de las limitaciones de tiempo fuera de tu cabeza. Sería mejor si eliges un corto tiempo después de despertar o justo antes de ir a la cama. Ten en cuenta que aquietar la mente no es fácil de lograr, especialmente para un principiante, pero también ten en cuenta que esto puede volverse más simple y fácil a medida que avanzas, así que no te dejes desanimar por cualquier contratiempo a corto plazo.

Meditación Básica con Afirmación

Esta técnica básica de la meditación es una gran manera de comenzar tu práctica. Comienza con lo básico, y luego puedes agregar visualizaciones o quietud.

Step 1. Siéntate o pónte cómodo en el suelo. Asegúrate de que tu espalda esté tan recta como puedas, pero ten cuidado de no esforzarte. Además, asegurate de estár cómodo y y de que puedes mantener la posición durante cinco minutos o mas. Elige un lugar sin distracciones.

Step 2. Respira profundamente mientras dejas que tu cuerpo se relaje. Como esta es probablemente tu primera vez, puede ser aconsejable mantener los ojos cerrados durante todo el proceso.

Step 3. Elije una frase que te gustaría afirmar en tu vida. Trata de estructurarla en primera persona y asegúrate de que es algo significativo para ti. Los ejemplos pueden incluir "hay paz dentro de mí", "soy digno de amor", o "Dios cuida de mí."

Step 4. Toma respiraciones medidas lentamente. Haz que tu respiración sea lo más fácil, relajada posible y vacía tu mente de otros pensamientos.

Step 5. Ahora repite la afirmación para ti mismo en silencio. Trata de centrarte sólo en la afirmación. Si te distraes con pensamientos al azar, permite que esos pensamientos pasen en lugar de suprimirlos. Luego, vuelve suavemente tu concentración a la afirmación.

Step 6. En caso de que encuentres problemas para concentrarte con un esfuerzo puramente mental, intenta susurrarte las palabras a ti mismo, moviendo tu lengua sin realmente decir una palabra. Conecta tu respiración a tu afirmación y repite la frase mientras exhalas.

Continúa con este proceso durante cinco minutos o más. Recuerda, no te frustres, ya que tu cuerpo terminará tenso en lugar de relajado. No olvides cómo te sientes mientras practicas. ¿Concentrarte en las afirmaciones y respirar fue una tarea difícil para ti? ¿Qué clase de pensamientos encontraste apareciendo en tu cabeza?

Respiración Concentrada

Cuando puedas arreglártelas para permanecer centrado en las afirmaciones, es hora de que te centres solamente en la respiración. Esta es una manera impresionante de nutrir la conciencia enfocada, la concentración y la calma de la mente. No esperes tener una mente tranquila en un instante. Todo esto es normal y mejorará a medida que continúes tu práctica.

Step 1. Encuentra un asiento cómodo, manteniendo tu espalda recta en un lugar libre de perturbaciones.

Step 2. Respira profundamente y deja que tu cuerpo se relaje. Elige si cierras los ojos o no. Sin embargo, si encuentras que tus pensamientos todavía tienen la tendencia de correr a tu alrededor, mantener los ojos cerrados ayudará a mantener las distracciones al mínimo.

Step 3. Mueve tu atención hacia la sensación que te genera tu respiración. Siente tu pecho bajar y elevarse mientras respiras. Escucha atentamente el sonido de cada respiración y siente el aire entrar y salir de tu cuerpo.

Step 4. Continúa esta meditación durante cinco minutos o más. Puesto que te estás centrando solamente en tu respiración, puedes distraerte fácilmente gracias a pensamientos y emociones al azar. No te alarmes y no seas crítico contigo mismo cuando esto suceda. Simplemente reconoce el pensamiento o la emoción sin juzgarlo, y luego déjalo ir. Suavemente dirige tu concentración de nuevo a tu respiración.

Sería beneficioso para ti seguir practicando estas técnicas antes de pasar a las prácticas más complejas. Como el núcleo básico de casi todas las prácticas de meditación implica estar conciente de tu respiración y la concentración, estas técnicas son excelentes si simplemente quieres quedarte con lo básico o si quieres seguir adelante y profundizar en tu práctica.

Subiendo Las Mangas: Prácticas Más Largas y Profundas

Puedes comparar tu mente con un lago profundo. Si sólo miras la superficie (la mente ordinaria), a menudo estás ciego a las maravillas que hay debajo. Cuando comienzas a practicar la conciencia enfocada, estás realmente aprendiendo a nadar en las aguas de tu propia mente. Una vez que empieces a mejorar en la natación, entonces puedes empezar a sumergirte hacia lo más profundo.

Esta sección introducirá más prácticas intermedias que te permitirán obtener una buena mirada en tu propia psique. Los ejercicios en esta sección se deben hacer durante veinte minutos o más. Puedes alargar el tiempo de práctica dependiendo de tus propias preferencias y necesidades.

Técnica de Ajuste Corporal

Esta es una de las técnicas intermedias más vitales en la meditación, ya que te conecta de nuevo a tu cuerpo. Un gran número de personas en la sociedad están fragmentadas. La mente a menudo está dividida entre emociones positivas y negativas que no son exploradas completamente. Lo peor de todo es que el cuerpo está desconectado de la conciencia y de la mente. Esta técnica tiene como objetivo reconectar la mente y el cuerpo y volver a integrarlos.

Step 1. Esta meditación se debe hacer acostado. Encuentra una superficie plana, sólida que sea cómoda, pero no tanto como para que te duermas.

Step 2. Concientiza a tu cuerpo como un todo. Presta atención a cada sensación que sientes. Siente los lugares donde tu cuerpo toca la superficie de donde estás acostado. Siente la brisa fresca que flota a través de la habitación o el calor de tu propio cuerpo.

Step 3. Después de pasar algún tiempo en la conciencia de tu cuerpo, poco a poco mueve tu atención hacia el dedo más grande del pie izquierdo. Concientiza cualquier sensacion en esta área específica. Si no tienes sensaciones, entonces simplemente céntrate en la ausencia de sensación.

Step 4. Comienza a visualizar el flujo de tu respiración dentro y fuera de tu dedo del pie, trayendo la energía que tanto necesita. Cuando estés listo, expande tu conciencia hacia todo el pie izquierdo y continúa inhalando y exhalando. Continúa por lo menos dos minutos.

Step 5. Cuando hayas terminado, deja que tu conciencia viaje hacia arriba hasta los tobillos y la parte inferior de la pierna. Sé paciente contigo mismo y continúa visualizando tu respiración entrando y saliendo en ondas a través de esta área de tu cuerpo.

Step 6. Desde aquí, ve hasta tus rodillas y muslos. Una vez que tu pierna izquierda está lista, baja y concentrate en el otro pie. Repita el mismo proceso que con tu otro pie. Desde ahí, sigue subiendo. Desde la pelvis, ve más alto al abdomen, la parte inferior de la espalda, el ombligo, la parte superior de la espalda, luego el pecho y los hombros.

Trata de reducir la velocidad en las áreas donde hay órganos principales, como los pulmones, el corazón y el estómago. Imagina tu aliento trayendo energía curativa a tus órganos. Ahora concéntrate en tus dedos y manos y luego ve hacia arriba hacia tus codos y brazos. Repite la misma técnica hasta que hayas terminado con ambas manos. Desde aquí, concéntrate en tu cuello y luego en tu cara. Presta especial atención al espacio justo entre las cejas. Por último, termina centrándote en la parte superior de tu cabeza. Las dos últimas áreas pueden ser especialmente receptivas. Podrías terminar sintiendo que estás flotando y que tu conciencia es más fluida en tu propio cuerpo.

Step 7. Una vez que estés listo, cambia tu conciencia de tu cabeza a todo el cuerpo. Siente tu aliento entrar y salir en oleadas.

Step 8. Después de unos minutos, mueve los dedos de los pies y de las manos y abre lentamente la mano. Vuelve tu conciencia a su estado normal y estírate un poco antes de levantarte.

Meditación con Visualizaciones

Puedes agregar la visualización a tus técnicas básicas de meditación y esto puede ayudar a desarrollar un cierto rasgo o actitud en ti. Al practicar ciertas técnicas de visualización, simplemente comienza con la respiración. Cuando te sientas en paz y quieto, puedes comenzar con tu visualización.

El Santuario

Visualizar un santuario o un refugio es un gran lugar para recargar tu energía y sacudirte un poco de estrés y ansiedad. Esta técnica también puede ayudar en la curación de ciertas heridas mentales y emocionales.

Step 1. Haz tu meditación estándar y básica hasta que tu mente esté relativamente quieta y tu cuerpo relajado (preferiblemente durante cinco minutos).

Step 2. Empieza a visualizar un lugar donde siempre te has sentido seguro. Podría ser un lugar real de tu pasado o simplemente algo imaginado. Mientras te haga sentir seguro y protegido, entonces debería funcionar. Sé tan específico como quieras. Si te imaginas en un jardín, entonces ¿qué plantas se pueden encontrar allí? ¿Hay pájaros cantores y árboles que dan sombra? Haz lo mejor para que la visualización sea lo más vívida posible.

Step 3. Una vez que hayas encontrado tu lugar seguro, simplemente permite que la sensación de paz, seguridad y confort impregne todo tu ser. Debes saber que estás a salvo ahí y que nadie puede tocarte. Dentro de tu santuario, puedes explorar todas tus emociones, incluso las de dolor, miedo y humillación.

Step 4. Permanece en tu santuario el tiempo suficiente y asegúrate de terminar tu sesión reafirmando las emociones positivas que percibes en tu lugar seguro.

Mindfulness, En Cualquier Momento, En Cualquier Lugar

La meditación de atención plena se practica en cualquier momento mientras estás llevando a cabo otras actividades. Esta es la razón por la cual el mindfulness es una de las técnicas de meditación más populares. Te provee de una completa concentración en lo que estás haciendo. Debes tener la capacidad de combinar la conciencia enfocada con la aceptación. El objetivo de esta técnica de meditación es tenerte totalmente presente en lo que sea que estés haciendo.

Comer Concientemente

Este es un gran ejercicio de atención plena que se puede hacer en el trabajo durante tu descanso para el almuerzo. Simplemente busca un lugar tranquilo y come tu almuerzo.

1. Aprecia tu comida mientras la pones delante de ti. Piensa en el esfuerzo y el trabajo duro que se ha dedicado a llevado

hacer tu comida.

2. Mira y huele. Nota la apariencia y el aroma de tu comida. Siente curiosidad y observa todo lo que puedas ver y oler.

3. Lleva la comida a tus labios y observa cómo se siente contra tu lengua. Disfruta cómo sabe la comida mientras la masticas. Toma nota de todas las emociones que sientes mientras comes.

4. Trata de permanecer concentrado durante toda la comida.

La atención plena se puede hacer junto con cualquier otra tarea y actividades, siempre y cuando practiques la atención enfocada. Puedes hacer Mindfulness mientras caminas por la calle o cuando limpias la casa. Incluso puedes hacer Mindfulness mientras hablas con un amigo o pasas tiempo con tu familia. La atención plena sólo amplificará la alegría y la satisfacción que sientes al realizar estas actividades.

Consejos para Llegar Más Allá

Ahora tienes todo lo que necesitas para empezar una práctica, pero ¿qué pasa si tienes algunos inconvenientes en el camino? Esta sección trata sobre algunos consejos fáciles de usar para ayudar a que tu práctica funcione para ti. Aquí hay pequeñas cosas que necesitas tener en cuenta para tener una práctica exitosa.

- Posición: Hay tres posiciones básicas que puedes tomar al meditar, es decir, acostarte, sentarte en una silla, o arrodillarte en el piso. Asegúrate de extender tu columna vertebral tanto como te sea posible.

1. *Acostado*. Acuéstate con los pies separados a la anchura de la cadera, y deja que tus pies caigan naturalmente. Puedes colocar pequeños cojines bajo el cuello y las rodillas para mayor comodidad.

2. *Sentado en una silla.* Es importante no inclinarse o apoyarse en la silla. Asegúrate de que tus glúteos se sienten un poco más altos que tus rodillas para que tu pelvis pueda inclinarse naturalmente hacia adelante. Es mejor si utilizas una silla o un banco sencillo de madera.

3. *Arrodillado.* Se cree que esta es la posición óptima para la meditación. Debido a que estás tan cerca de la tierra, puedes estar más sincronizado con las energías de la naturaleza y la tierra, lejos de ser la posición más estable. Sin embargo, puede ser más difícil, ya que requiere más flexibilidad y fuerza muscular. Investiga posiciones antes de empezar si quieres considerar el arrodillarte. Prueba las posiciones básicas como la posición de rodillas fácil y la posición birmana antes de pasar a la posición de loto.

- Ropa: No necesitas una ropa especial. Sólo tienes que asegurarte de que tu ropa sea cómoda y no esté demasiado apretada. Asegúrate de que lo que uses no te distraiga.

- Ubicación: Asegúrate de que puedas estar en el lugar que elijas el tiempo suficiente para completar tu práctica. Evita los lugares de tu casa que tienen un montón de "tráfico", como la cocina, sala de estar y comedor. Con el tiempo, es posible que desees crear un espacio especial con un altar de meditación. Este altar no tiene que estar asociado con una cierta fe o religión, sino que simplemente tendrá todos los objetos que son especiales para ti. Puede tener incienso, flores, rocas que encontraste en la naturaleza, e incluso imágenes de tus inspiraciones.

- Tiempo: Básicamente, puedes meditar siempre que tengas tiempo libre. El mejor momento para los madrugadores es una hora justo después de que se despiertan. Estar recién despertado puede ayudarte a estar más concentrado y quieto que en cualquier otro momento. Para aquellos que no son madrugadores, justo después del trabajo o antes de acostarse también son buenas opciones. La desventaja, sin embargo, es que puede que ya estén distraídos y exhaustos por los eventos del día. Si tienes el espacio, también puedes intentar meditar durante tu receso del almuerzo, si encuentras que cualquier otro momento no es posible.

Consejos rápidos que pueden hacer la meditación más fácil

- Comienza con lo básico: Llegar a ser demasiado ambicioso en tu primer intento puede hacer que te sientas abrumado. Prueba una meditación básica de cinco minutos antes de empezar a hacer una técnica de sintonización con todo el cuerpo.
- Comienza dentro de tu zona de confort: Las distracciones pueden ser tu peor enemigo al comenzar, y colocarte en una posición de rodillas que te deje entumecido no ayudará. Comienza en un lugar, posición y tiempo que sean cómodos. No tienes que seguir las pautas estrictamente si te llegan a causar dolor. Sé indulgente y paciente contigo mismo. Si una posición es dolorosa, prueba una diferente. Finalmente, haciendo unos pocos estiramientos diariamente, alcanzarás el nivel para hacer incluso el loto completo.
- Dolores y picores que distraen: Puede ser difícil mantener una posición determinada si sabes que tienes que quedarte quieto. Puedes sentir comezón y dolores cuando tranquilizas tu mente. La mejor manera de hacer frente a esto es ser plenamente consciente de la sensación. Al explorar la sensación con curiosidad y aceptación, encontrarás que estas pequeñas molestias se desvanecen. Esta es la razón por la cual

la meditación se usa a menudo como terapia para aquellos que sufren dolor crónico.

Capítulo 4: Ser Organizado Como Minimalista

Tal como hemos hablado antes, para tener éxito en el minimalismo, uno tiene que ser organizado en todo lo que hace. Cuando uno se considera organizado, simplemente significa que uno es sistemático y ordenado en la forma en que hace las cosas. La organización implica planificar, administrar bien el tiempo y atenerse a un plan.

La mayoría de nosotros anotaremos una lista de artículos para comprar antes de entrar en un supermercado, o incluso si no lo hacen, harán un inventario mental de sus suministros antes de hacer las compras. Reservas un día de la semana para lavar la ropa y limpiar la casa para que tu casa se mantenga ordenada. En la oficina, nos reunimos en las salas de juntas para discutir y llegar a estrategias para impulsar a nuestras empresas o negocios hacia adelante.

Antes de hacer ese viaje a París o un Safari en África, preguntas sobre los costos, haces reservas, y estableces una fecha de viaje. Antes de enviar a tu hija o hijo a la escuela, harás preguntas sobre una serie de cosas antes de elegir una Institución en particular; por supuesto, el lugar que sientes que proporcionará la mejor educación académica para tu hijo, y también donde sientes que hijo se desarrollará mejor. Cuando vas para una entrevista de trabajo, tratas de llegar al lugar antes de la hora designada, y para entonces, deberás haber hecho un poco de investigación sobre la compañía y, por supuesto, familiarizarte con el puesto.

Las instancias anteriores son todos los elementos de la organización; planear con anticipación una actividad o evento de manera que cuando se llega a hacer lo que se planeó, sea fácil, claro y exitoso.

Entonces, ¿por qué deberías estar organizado? La experiencia y la investigación han revelado que las personas organizadas dentro de la sociedad son en realidad más inclinadas a tener éxito en todo lo que hacen. Siempre logran más en comparación con las personas desorganizadas. Esto se debe a que parecen crear más tiempo "libre" y llevar vidas más felices. Cuando planeas y sigues el plan, serás genial gestionando tu vida con eficacia y llevarás una vida satisfactoria y feliz. Al ser organizado, tu tiempo está bien gestionado y tus actividades están planificadas, por lo que hay previsibilidad y por lo tanto facilidad a la hora de hacer tus cosas. Siempre hacer las cosas hasta completarlas, y tu recompensa será una vida más feliz, llena de satisfacción.

Por lo tanto, si eres alguien que no está organizado y siempre te encuentras en un lío al manejar las cosas, es necesario empezar a planificar y poner orden en tu vida. Todas las limitaciones de tiempo y la tardanza o incluso la falta de ideas sobre algo, se puede vincular directamente a la deficiencia o la falta de organización. A continuación, vamos al tiempo y su gestión y por qué es parte integral de tu organización.

Saber Cuándo Decir No

¿Con qué frecuencia dices que no a una reunión no programada o a una cita de última hora? ¿Recuerdas la última vez que te negaste a la necesidad de comprar otro bolso de mano o correr al Walmart más cercano a comprar artículos (la mayoría de los cuales ya tienes o no necesitas) debido a una rebaja de precio?

Ser capaz de decir que no es un componente importante para organizar tu vida. Muy a menudo, nos dejamos influenciar por los miembros de nuestra familia, colegas en el trabajo (especialmente nuestros jefes), y amigos para hacer cosas que no habíamos planeado hacer porque ellos nos lo pidieron. Si eres una víctima y deseas poner en orden tu vida, comienza a decir no a las actividades que no has planeado. La excepción, por supuesto, serán emergencias y asuntos muy críticos que pueden haber sido imprevisibles.

En el momento en que comiences a tolerar actividades no planificadas o no programadas, le restarás el tiempo destinado a otras cosas o dejarás algunas tareas sin completar debido a que decidiste comprometerte de manera imprudente. Terminas sepultado de trabajo o tareas que de otra manera habrías terminado pero claro, no podías pronunciar la palabra *¡no*!

La disminución de las tareas no programadas te dará mucho tiempo y te aliviará del desorden mental y la carga de trabajo innecesaria. Trata de decir que no a partir de hoy y veras cuánto más fácil resultará tu vida. Tendrás suficiente tiempo para hacer las actividades más importantes, ya sean profesionales, sociales, o en tu vida personal.

Cuando ya tienes un microondas que sirve bien, di no al impulso que te mueve a comprar otro porque tiene una etiqueta de oferta en él. Si tu madre o tu hermana no te dejaron entrar en su plan lo suficientemente temprano, no saltes a unirte a ellos simplemente porque te llamaron. Dedica ese tiempo a hacer las cosas que deberías estar haciendo.

Una vez que aprendas a decir no, siempre concéntrate en una sola actividad a la vez, como lo que discutiremos en breve. Realizar múltiples tareas a la vez no es necesariamente lo mejor si tu meta es organizarte.

Haz Una Cosa a la Vez

Concentrarte en una sola actividad a la vez significa centrarte en una cuestión y abordarla hasta completarla antes de emprender otra. Más a menudo que no, nos encontramos atascados por el trabajo o las tareas porque asumimos más responsabilidades de las que podemos manejar.

Si realizas tus actividades una por una significa que prestarás toda tu atención a la que estás realizando en el momento; lograrás tus objetivos más rápido que realizando cinco tareas al mismo tiempo. Manejar una actividad a la vez te hará más productivo e ingenioso. Tener demasiadas cosas que hacer resultará en no terminar ninguna de ellas. Sin embargo, si las completas, te darás cuenta de que cometiste errores que pudiste evitar de haberte concentrado en una sola tarea.

No te gustaría estar cocinando y viendo *American Idol* simultáneamente. Te perderás de una gran actuación mientras correteas por la cocina o se te quemarán las cebollas porque te cautivó un cantante en el show. Del mismo modo, no quieres programar una cita a la misma hora en la que tienes una presentación. No podrás darle la atención que estas dos tareas se merecen. No lucirás preparado y te verás desordenado y poco profesional si lo haces.

Estarás mejor organizado si decides hacer una cosa a la vez; las presiones de llegar tarde o no cumplir con los plazos se mitigarán en gran medida. Si adoptas este hábito y lo aplicas de manera eficaz, tendrás más éxito con tus tareas. Una vez que hayas recurrido a hacer una cosa hasta completarla y luego asumir otra, conocerás el valor del no postergar. Haz eso ahora, no mañana, no después de diez minutos *¡ahora!*

No Lo Pospongas; Hazlo Ahora

Muchas personas tienden a aplazar las tareas para "otro momento", terminando con montones de trabajo sin completar. Postergar las cosas es un gran enemigo para lograr cualquier cosa, por esto debes organizarte. La gente altamente organizada no pospone las cosas que se deben hacer; las hace ahí y luego pasa a la tarea que sigue.

Necesitas nutrir activamente el rasgo de hacer las cosas cuando se supone que debes hacerlas; posponer te llevará a sumergirte en el trabajo y no terminar las cosas. Este hábito puede ser muy debilitante y puede afectar críticamente tu productividad si no se corta de raíz. Para que tengas éxito en conseguir una vida organizada, empieza a hacer las cosas ahora—no mañana o un minuto más tarde. Al terminar las cosas cuando debes, evitas sumergirte en el trabajo y serás más productivo. Cuantas más cosas hagas a tiempo sin posponerlas, serás más organizado y tu vida mejorará. A continuación, vamos a aprender por qué esa lista de cosas por hacer, de la que tanto se ha hablado, es importante para la gente altamente organizada.

Tener una Lista de Tareas Pendientes

Enumera todo lo que tienes la intención de hacer en un cuaderno, diario, o cualquier dispositivo electrónico. Una lista de tareas te ayudará a organizarte si la adoptas en tus actividades diarias. Cada persona altamente organizada y exitosa ha citado una lista de tareas pendientes como un componente obligatorio en la gestión de sus vidas y es importante para mantenerlas organizadas.

Una vez que has enumerado las actividades que necesitas para recordar, la probabilidad de olvidar algo es muy baja, siempre y cuando utilices la lista. Para una buena organización, se recomienda una lista de tareas pendientes ya que tener más de una puede estropearlo todo si una de ellas se extravía.

Una lista de tareas pendientes se puede hacer en una computadora, en tu calendario de pared, en tu teléfono, etc.; y con el avance en la tecnología, los dispositivos electrónicos vienen con la capacidad de recordarte lo que debes hacer. Todo el que quiera organizarse debe mantener una lista de tareas pendientes como referencia; será tu registro de planificación. Una vez que empiezas a llevar una lista de actividades, la gestión de tu día se vuelve mucho más fácil.

La planificación anticipada es esencial para organizarse, averigüemos por qué en el siguiente apartado.

Planifica con Anticipación

La planificación anticipada te dará una ventaja inicial para el día siguiente. Siempre planifica con anticipación si deseas elevar tu vida al nivel de las personas altamente organizadas. Al final de cada día, dibuja un plan para tus actividades para el día siguiente.

Programa las cosas que harás mañana por la tarde para que cuando vayas a dormir, ya tengas un bosquejo de las cosas que harás al día siguiente y a qué hora. Todas las personas altamente organizadas y exitosas dijeron que planean las cosas con algunas semanas de anticipación. La planificación con antelación le da a tu vida previsibilidad y te permite utilizar tu tiempo mucho mejor.

Para lograr la auto-organización, abraza la planificación anticipada y haz un hábito de estar listo antes de tiempo; librarás tu vida de sorpresas y presiones innecesarias que pueden surgir debido a la falta de previsión. La probabilidad de ser emboscado por deberes o actividades es significativamente menor al tomar el simple paso de planear con anticipación. Haz esto, y notarás un gran cambio para mejor en la gestión de tu vida. Las cosas serán mucho más fáciles de lograr ya que estarás mentalmente preparado para ellas.

Planificar con anticipación implica programar tus actividades para el futuro y poner restricciones de tiempo para hacerlas. Averigua por qué los horarios y los plazos son importantes si estás buscando la auto-organización.

Tener Horarios y Plazos

Un horario es una lista de cosas que hacer y en qué horas, mientras que los plazos son las fechas u horas en que debes haber terminado las actividades. Todos los que quieren organizarse deben programar sus actividades y poner un plazo para todas ellas; de lo contrario, nunca lograrán ser organizados. Los horarios y los plazos son básicamente amarres que nos mantienen en el lugar y nos impiden deambular sin rumbo.

La falta de planificación significa que no hay cosas claras que hacer y se traducirá en confusión y mal rendimiento en lo que haces. Los plazos son importantes para la gestión del tiempo mientras te enfrentas a tus actividades o deberes. Sin plazos, la mayoría de las cosas no se harían en absoluto, ni se completarían a tiempo.

La gente altamente organizada guarda los horarios y los plazos establecidos que ellos cumplen religiosamente; por favor adopta estos dos hábitos importantes, y cambiarás tu vida profundamente. Mientras que la programación deja espacio para cualquier cosa de último minuto que puede surgir, más a menudo que no, las cosas importantes que no están en tus planes surgirán. Con los horarios, no prometerás algo que no vas a entregar.

A continuación, analizamos cómo priorizar los elementos que aparecerán en tu calendario para una mejor organización.

Priorizar

Priorizar las cosas en tu vida significa categorizarlas de las más importantes a las menos importantes y perseguirlas en ese orden, siendo las más importantes atendidas en primer lugar.

Saber lo que es más importante es crítico en la búsqueda de la auto-organización; una vez que sabes el orden de las cosas en tu vida, entonces todo caerá en su lugar con bastante facilidad. Siendo alguien que está trabajando para organizarse, comienza a priorizar tus actividades diarias para un rendimiento óptimo. Comienza a filtrar a través de tu lista de tareas pendientes y organiza tus cosas con prioridad.

Abordar las actividades en orden de importancia te ahorrará el tener retrasos o no terminar una tarea con una fecha límite cercana. El orden de tus prioridades podría estar vinculado a la fecha de entrega, la cantidad de trabajo, su importancia, etc.

Una vez que priorices las cosas, a continuación, crea un "tiempo para ti" como vamos a discutir a continuación.

Mi Tiempo

La gente organizada siempre se reserva tiempo para ellos mismos donde tienen auto-reflexión y descanso para rejuvenecer y re-energizarse. El tiempo para ti es muy importante si estás trabajando hacia la realización del sueño de una vida organizada.

Consigue, regularmente, tiempo por ti mismo sin las molestias del trabajo o el hogar; sólo para ti mismo. Si puedes dedicar un poco de tiempo para ti cada semana, la mitad de un día o un día completo serían ideales para lograr los máximos resultados. Este tiempo te ayudará a aclarar tu mente y aclarar tu propósito. Realiza una actividad relajante durante este tiempo; cosas como el yoga y la meditación han demostrado ser muy relajantes. Pasea en bicicleta a través de una tranquila pista de ciclismo o da un paseo por el bosque o ve al Spa para un masaje relajante.

Si no puedes darte el lujo de salir, puedes leer un libro que realmente te gusta o nadar en la piscina. Te sorprenderá lo mejor que te sentirás después de uno de estos episodios y lo productivos que son para ti.

El tiempo para ti te dará la energía para una vida mejor estructurada y productiva ¡una vida organizada!

Dormir

La falta de sueño es un problema importante en nuestra sociedad. Se cree que el insomnio es el problema número uno en los Estados Unidos. Más del 30 por ciento de los estadounidenses tienen dificultades para dormir cada noche, y la mitad de la población adulta dice que tiene problemas para dormir algunos días de la semana. Además, casi la mitad de los entrevistados dijo que dormir durante el día afectaba sus actividades cotidianas. Estos problemas son cada vez más profundos con cada día que pasa. Entre 2000 y 2004, el número de adultos que dependían de pastillas para dormir se duplicó. Además, el número de niños entre uno y diecinueve años que utilizan pastillas para dormir aumentó al 85%.

Los medicamentos recetados para inducir el sueño alcanzaron los 56 millones en el año 2008. Esto no es algo sorprendente en una sociedad que adora tanto la productividad como la actividad. La sociedad actual está en contra del descanso y la relajación; estamos constantemente en una carrera de ratas. Para nosotros, descansar se traduce en estar pegado en la televisión, navegar por internet, o estar ocupado con algún dispositivo electrónico. Sin dormir lo suficiente, no puedes estar sano. ¿Por qué es importante dormir para nuestros cuerpos?

El sueño es responsable de la adecuada conservación del cuerpo, así como de la restauración de los sistemas neurológicos, endocrinos, inmunitarios y digestivos. La melatonina aumenta naturalmente en la noche y ayuda a protegernos de infecciones. Esta es la razón por la cual es probable que uno contraiga una gripe o un resfriado si él o ella no logran dormir lo suficiente por unas pocas noches. El sueño es tan importante que se ha demostrado que la privación absoluta del sueño es fatal. Un experimento en el laboratorio mostró que las ratas que no pueden descansar mueren en un período de dos o tres semanas. Dormir lo suficiente tiene varios beneficios. Los siguientes son algunos de ellos:

- Mejora de la memoria
- Mejora tu condición física
- Potencia el estado de ánimo y la energía corporal en general
- Aumenta la inmunidad
- Aumenta la tolerancia al estrés

Tener menos de seis horas de sueño al día se relaciona con hinchazón persistente de bajo grado y deterioro de la resistencia a la insulina. Además, también aumenta las posibilidades de ser obeso, diabético, así como el desarrollo de enfermedades cardiovasculares. Cuando se nos priva de la cantidad suficiente de sueño, nuestro poder de pensamiento, manejar el estrés, y el mantenimiento de un sistema saludable de inmunidad se ven muy afectados. Nuestras emociones también se ven afectadas cuando tenemos menos sueño. Aquí están los efectos de ser privado de sueño:

- Sistema inmunológico débil. La investigación realizada en la Universidad de California reveló que menos sueño debilita el sistema inmunológico del cuerpo y afecta su respuesta a la enfermedad, así como lesiones.
- Aumento de peso y obesidad. Los estudios han demostrado que incluso una sola noche de privación del sueño puede

conducir a cambios importantes en el apetito y la ingesta de alimentos. Otros estudios también han mostrado que tener menos sueño afecta la tolerancia a los carbohidratos y la sensibilidad a la insulina. Además, la falta de sueño conduce a la enfermedad del hígado graso.

- Reducción de la capacidad de tomar de conciencia. La falta de sueño afecta la memoria de a corto y largo plazo y causa la degeneración de las células nerviosas. Todo esto afecta negativamente nuestra capacidad de pensamiento y nos hace funcionar mal.
- Emoción y salud cerebral. La falta de sueño está relacionada con la depresión. Menos sueño entorpece la corteza pre-frontal y puede conducir a varias condiciones psicológicas.
- La privación del sueño también causa que uno tenga una vida más corta.

El uso de pastillas para dormir puede causar dependencia, insomnio, somnolencia, pérdida de memoria y mucho más. Los medicamentos para inducir el sueño deben ser tu último recurso. Para animarte a que te duermas, necesitas reducir tu exposición a la luz artificial. La luz que no es natural interrumpe el ritmo circadiano y evita el sueño. Un estudio reveló que la luz liberada por los despertadores y otros aparatos digitales inhibe la producción de melatonina. Aquí hay consejos para evitar la exposición a la luz:

- Evite estar frente a una computadora por lo menos ciento veinte minutos antes de irse a dormir.
- Utiliza persianas que pueden oscurecer tu lugar de descanso.
- Apaga todos los aparatos digitales que brillan o liberan cualquier tipo de luz.
- Usa una máscara para dormir si es necesario.

Además, no comas demasiado antes de dormir, ni te acuestes con hambre. Una hora antes de medianoche es mejor que dos horas después. Cuando duermes, experimentas un proceso de una hora y media de sueño no-REM, seguido por el sueño REM. Sin embargo, la proporción de sueño no-REM dentro de los ciclos de media hora fluctúan a través de la noche. Entre las 11:00 p.m. y las 3:00 a.m., la mayoría de los ciclos consisten en un intenso sueño no-REM y un ligero sueño REM.

En la segunda mitad, entre las 3:00 a.m. y las 7:00 a.m., el equilibrio cambia, y el proceso consiste en más sueño REM, que incluye tiempo de ensueño, así como una forma suave de sueño no REM. Quedarse hasta tarde en la noche no es bueno, ya que nuestros cuerpos no están adaptados para hacerlo. Por años, los patrones de sueño en los seres humanos se han relacionado con la variación diaria en la exposición a la luz. Nuestros cuerpos están hechos para levantarse por las mañanas e ir a la cama por la noche, no al revés.

Existen varios suplementos que uno puede utilizar para inducir el sueño en el mercado. Uno de ellos es el magnesio. Es asequible y de fácil acceso. La melatonina es otro suplemento hormonal que se puede prescribir para aumentar el sueño.

Ser Paciente

La paciencia es ser capaz de resistir en tiempos difíciles. Implica perseverancia cuando uno es provocado o cuando estás bajo presión. Además, significa ser capaz de mantener la mente clara cuando lo necesites. La paciencia es un componente importante del éxito, y para que uno la domine, se necesita esfuerzo. Estos son los beneficios cuando eres paciente:

- Eres mejor tomando decisiones. Siempre tomarás tiempo para evaluar cada situación, y sabrás que apresurarte a tomar decisiones no es sabio. Tendrás menos posibilidades de cometer errores tan pronto como aprendas los beneficios de ser paciente. Cuando eres paciente, posees poder. En resumen, la paciencia consiste en actuar en el momento adecuado.

- Estarás menos estresado. Vas a entender que hay algunas cosas que llevan tiempo y esperar por ellas no es malo. Cuando eres paciente, es menos probable que estés estresado, enojado o abrumado.

- Te relacionarás mejor. Cuando tienes paciencia, serás más flexible y empático hacia los errores y debilidades de los demás. Por otra parte, tendrás la capacidad de construir relaciones más fuertes y duraderas. La paciencia y la perseverancia tienen un efecto mágico que hará desaparecer las dificultades y los obstáculos.

Para que tengas la habilidad de resolver los problemas de la vida, se requiere que los entiendas completamente. Esta es la razón por la cual debes aprender a ser paciente. Tu paciencia se origina en tu infancia. La manera en la que solías lidiar con las cosas cuando niño, no es diferente en el futuro. Si tenías la costumbre de tirar berrinches para que tus padres te consintieran, entonces tu nivel inicial de paciencia fue bajo.

Por el contrario, si tuviste padres que fueron estrictos pero alentadores, debes haber desarrollado un carácter diferente y haber lidiado bien los problemas. Esto significa que tu nivel inicial de paciencia fue alto. La paciencia no es algo que viene de la noche a la mañana. Necesitas saber que uno tiene que desarrollar paciencia con el tiempo y la paciencia se construye con paciencia.

¿Cómo Puede Uno Ser Más Paciente?

- *Comprender y contrarrestar tus detonantes.* La impaciencia es algo que se dispara; no simplemente sucede. Los desencadenantes son diferentes de una persona a otra.

Necesitas entender cuál es tu desencadenante. Una vez que sabes cual es, puedes hacer ejercicios o practicar técnicas para calmarte cada vez que sientas el desencadenante.

- *Ten confianza en ti mismo.* Cuando uno se siente defraudado, pierde el control, o se siente abrumado, es entonces cuando la impaciencia entra en acción. Es posible que desees que algo suceda de inmediato, pero parece que no tienes el poder de acelerar las cosas. Una persona con confianza en sí misma acepta las situaciones tal como son; no las combate, sino que trabaja con ellas. La paciencia y la confianza van de la mano.

- *Sé positivo.* Concentrarse en las cosas positivas de la vida, y evitar pensamientos negativos. Al hacer esto, reducirás la tensión y serás más feliz. Es bueno convertir siempre una situación negativa en una positiva.

- *Cambia tu actitud.* Comprende que incluso si algo sucede más tarde de lo esperado, no está mal; se hará, y todo estará bien.

- *Visualizar.* Anticipa el problema esperado y averigua cómo vas a tratar con él.

- *Aliviar la tensión y el estrés.* Ser impaciente es la liberación de la tensión acumulada y la ansiedad. Siempre trata de liberar el estrés y limpiar tu sistema.

Consejos para Construir la Paciencia

- *Selecciona un día en el que la paciencia sea tu objetivo.* Haz un esfuerzo, tómate tu tiempo y piensa en todo lo que haces. Cuando acabe el día, haz una observación de todas las formas en que tomaste decisiones y lo que aprendiste.

- *Tómate tu tiempo.* Si te encuentras corriendo y tratando de hacer las cosas a toda prisa, detente. Antes de actuar, toma varias respiraciones profundas. Ser impaciente no hace que las cosas se muevan más rápido de ninguna manera.

- *Practica la gratificación retardada.* ¡Cuando quieras comprar algo, detente y piensa! Tal vez no lo necesites tanto como crees. Puedes ahorrar algo de dinero.
- *Piensa antes de hablar.* A veces hablamos sin pensar en las consecuencias de nuestras palabras. Haz una pausa y repasa lo que quieres decir para evitar herir u ofender a otras personas.

La paciencia es una necesidad cuando quieres perder peso, se alcanzan las metas, cuando tienes un bebé, al hacer ejercicio, cuando quieres sobresalir en tu carrera, y muchas otras situaciones. Este es un rasgo valioso para nutrirte. Puede parecer pasivo, pero en realidad es una forma de autodisciplina.

Capítulo 5: La Felicidad Siendo Minimalista

Por último, la felicidad es importante en el minimalismo. Cuando eres feliz, estarás organizado y libre de estrés. En consecuencia, no acumularás desorden ni comprarás cosas o pasarás tiempo con personas que no son importantes. La razón de vivir es descubrir qué nos hace felices, y disfrutar de la vida al máximo. Un ejemplo es que si hay una cierta persona que llena tu vida de alegría y felicidad, querrás pasar más tiempo con él o ella siempre que sea posible. En caso de que sientas que tu vida está vaciá, deberás auto-evaluarte y averiguar las razones por las que no estás disfrutando tu vida al máximo. Si consigues lo que te hace feliz, entonces se vuelve más fácil ser feliz. Si descubres algo que te hace genuinamente feliz, entonces la vida será mejor para ti. Concentrarte en las cosas que te hacen feliz, te harán feliz a largo plazo. Debería ser algo que influya en tu vida entera. Debe ser algo que encienda un fuego dentro de ti y que nunca dejes que se apague. Si hay una de las emociones que la mayoría de la gente encuentra elusiva, entonces es la satisfacción. Sin discriminar de acuerdo a la sociedad, la habilidad financiera, y el lugar de residencia, la felicidad es reconocida en todo el mundo. A pesar de que siempre estamos buscando la alegría como seres humanos, sigue siendo un asunto difícil debido a su versatilidad, influencias, y atributos que varían en gran medida de una persona a otra. Mientras que una persona es muy optimista y esperanzada en medio de los problemas, otra puede estar nadando en una vida de opulencia y lujo, pero todavía sigue siendo infeliz.

Estamos viviendo en una era de fuerzas e ideas en conflicto. Este universo está obsesionado con el desarrollo y la civilización avanzada, pero todavía se encuentra que hay millones de personas dentro de la sociedad que están sin alimentos. La economía de todos los países y del mundo en general está aumentando a un ritmo más rápido debido a muchas innovaciones progresivas en los sectores de la agricultura y la tecnología. En consecuencia, nuestro hábitat natural está bajo constante y gradual destrucción. Los países alcanzan hitos en el beneficio financiero sin embargo, a lo largo del camino, son víctimas de graves problemas como el tabaquismo, la diabetes, la miseria y los diferentes obstáculos que vienen con la civilización y la modernización. Se ha demostrado una y otra vez que solo las posesiones materiales nunca nos ofrecen una vida feliz. Un ejemplo, la superpotencia financiera mundial, el país de Estados Unidos de América. Los Estados Unidos han logrado un avance monetario e innovador incomparable en las últimas décadas, pero aún así, sus ciudadanos no son los más felices. Por el contrario, los niveles de ansiedad son tan altos como nunca antes, las brechas sociales y financieras entre ricos y pobres también se han ampliado significativamente. Por otra parte, también hay una gran disminución en la confianza social, lejos de la esperanza, la fe y la confianza en las autoridades es baja. La felicidad se ha reducido o al menos se ha mantenido casi constante durante los varios años de crecimiento económico. Esto se debe a que las cuestiones relativas a la pobreza, la ansiedad, la degradación ecológica y la miseria, en medio de un crecimiento significativo, han sido ignoradas y consideradas como cuestiones sin importancia. Necesitan nuestra apasionada consideración, y desde luego, en este momento de la vida y de la historia.

La felicidad está conectada a cómo nos sentimos. Es más que sólo un estado mental pasajero. Somos criaturas emocionales y experimentamos una amplia variedad de sentimientos muy a menudo. Las emociones negativas, como la ansiedad y la indignación, nos ayudan a escapar del peligro o a defendernos. Los sentimientos positivos, por ejemplo, el placer y la confianza, nos ayudan a asociarnos con los demás y a construir nuestra capacidad de adaptación cuando las cosas salen mal. Intentar continuar con una vida feliz no se trata de negar los sentimientos negativos o de pretender que nos sentimos cómodos constantemente. Cada persona experimenta momentos malos, y es normal para nosotros sentir enojo, amargura, insatisfacción, y otros sentimientos negativos como resultado. La felicidad es un estado de ánimo o bienestar deseable que puede ser personal o compartido dentro de un grupo. Para cada individuo la alegría significa algo diferente. Por ejemplo, pocas personas sienten que la satisfacción viene de tener mucho dinero en efectivo, y algunos creen que la felicidad se origina de cosas como tener amigos. La felicidad puede influir en tu bienestar y en las personas que te rodean, y puede hacer que uno viva una vida plena.

La felicidad consiste en tener la capacidad de aprovechar los buenos momentos y adaptarse adecuadamente a ciertas situaciones terribles. Una mala interpretación popular sobre que es la felicidad es que los individuos alegres están, de una u otra manera, más inclinados a ser perezosos. Sin embargo, la felicidad realza las motivaciones de las personas y las ayuda a desempeñarse mejor.

Los individuos felices están menos inclinados a tener comportamientos peligrosos. Por ejemplo, probablemente usarán cinturón de seguridad y es menos probable que tengan accidentes de tráfico. Las personas felices son económicamente responsables. Ahorran más dinero y tienen más control sobre sus decisiones financieras. Las personas que están más satisfechas con la vida tienden a tener una influencia positiva en la comunidad. Probablemente se involucrarán en procesos democráticos, como el voto, y harán servicio a la comunidad. Además, tienen más respeto y aprecio por las autoridades y ofrecen ayuda a otras personas. La felicidad también es infecciosa; las personas felices son propensas a hacer felices a los que les rodean. En las últimas décadas, hemos resultado ser más ricos pero miserables. Los beneficios de los buenos ingresos se han visto empañados por la disparidad y los bajos niveles de confianza y apego social.

La búsqueda de la felicidad es un gran problema. Las estanterías están llenas de libros y revistas sobre el tema de la felicidad. Es parte de nuestra vida normal buscar la felicidad. Así como buscamos encontrar la alegría y mantener una distancia estratégica del dolor físico, buscamos la felicidad emocional y tratamos de mantenernos alejados de la agonía emocional. La alegría apasionada, o felicidad, es una parte esencial de la naturaleza humana.

La felicidad es más de lo que un solo papel podría representar. Varias personas describen la felicidad como una emoción que se siente cuando te das cuenta de que todo es precisamente como debe ser. Algunos dicen que es la forma en que te sientes cuando haz alcanzado tus objetivos. Y otros lo llaman tener paz interna. Caracterizar la felicidad no es sencillo. Nuestro objetivo es describir cómo ser feliz y conocer los obstáculos de la alegría.

La felicidad es una emoción subjetiva. Esto implica que, lo que puede hacer a alguien feliz puede no ser de ninguna importancia para otra persona. Uno puede llegar a ser feliz a través de las riquezas; sin embargo, para otra persona el dinero podría no traer el sentimiento de felicidad. Uno suele alegrarse cuando consigue algo que satisface una necesidad. Por ejemplo, si tienes un problema financiero, entonces nada podría satisfacerte más que conseguir dinero. Si estás solo, nada puede hacerte feliz más que entrar en una relación.

Estudios posteriores sobre versatilidad de la mente han propuesto que el cerebro es más moldeable de lo que creíamos. El cerebro no solo puede cambiar las vías neurales y alterar la manera en que funciona, sino que partes de la mente pueden desarrollarse o contraerse en base a su utilización. Por ejemplo, utilizando las resonancias magnéticas, los investigadores han tenido la capacidad de demostrar que las personas que meditan tienen cerebros que son diferentes de los individuos que han comenzado recientemente esta práctica. La acción mental de estas personas está bien cargada y desarrollada en los territorios que se ocupan de la felicidad. Esto demuestra que podemos entrenar nuestros cerebros para ser más felices. La capacidad de nuestra mente para cambiar de esta manera se llama neuroplasticidad.

La psicología constructiva, una nueva rama, busca descubrir qué hace feliz a una vida ordinaria y por qué unas pocas personas están más contentas que otras. La felicidad se está convirtiendo en un tema común en revistas y artículos; todo el mundo parece tener una opinión al respecto. Demasiada literatura hace que sea difícil diferenciar entre las pruebas científicas genuinas y las pseudo-ciencias. ¿Amor, dinero, amigos o cosas materiales? Varios estudios han tratado de vincular factores particulares que conducen específicamente a la satisfacción. A pesar de que hay algunos vínculos, pocos de los descubrimientos son fiables, principalmente porque diferentes personas valoran cosas diferentes. Por ejemplo, algunos pueden considerar atractivo vivir en una ciudad importante, mientras que otros anhelan vivir en el campo. En lugar de mirar elementos particulares, analistas constructivistas han echado un buen vistazo a la forma en que los individuos perciben los factores que los hacen felices.

Causas de la Felicidad

Esperanza. No hay duda de que el optimismo es un atributo que causa satisfacción, e incluso la investigación lo demuestra. El optimismo es celebrar y estar seguro de que las cosas estarán bien. La esperanza nos ayuda a olvidar el pasado y a no temer el futuro. El optimismo nos hace fuertes en medio de cosas que causan ansiedad. Ser optimista no es vivir en la negación, sino tener esperanza de que las cosas van a salir bien. La negación es imaginar que la realidad no es real. La buena fe es escoger lo positivo en medio de la desesperación.

Los encuentros malos pueden hacer a los individuos cínicos. Es difícil convencer a las personas que han tenido experiencias negativas de que tengan esperanza. Cambiar su mentalidad puede ayudarles a ver las cosas de manera diferente. También pueden cambiar su perspectiva una vez que pasan por una buena situación después una mala. Por ejemplo, si una persona ha tenido una relación horrible y después tiene una buena, pueden recuperarse de los efectos adversos de la primera y darse cuenta de que las situaciones pueden cambiar. La investigación sobre neuroplasticidad nos demuestra que el cerebro cambia cuando estamos seguros, así como cuando estamos en peligro. En el tratamiento, cuando se trata de personas deprimidas, los médicos buscan pensamientos negativos y cínicos. La terapia cognitiva conductual se basa en pensamientos negativos.

La felicidad es el término exploratorio para la alegría y la realización de la vida, o más bien pensar y sentir que tu vida es buena. Los investigadores dependen fundamentalmente de los estudios para examinar la felicidad de las personas, pero también han complementado estos estudios con otras medidas. Los niveles de satisfacción de un individuo se ven afectados por componentes internos, por ejemplo, la personalidad y la percepción, y las variables externas, como el área en la que viven. Algunos de los determinantes significativos de la felicidad son el carácter de un hombre, la naturaleza de sus interacciones sociales, el área en la que vive, y su capacidad para satisfacer sus necesidades esenciales. Hasta cierto punto, los individuos se ajustan sus condiciones, de forma que, después de algún tiempo sus circunstancias podrían no tener ningún impacto en su felicidad tanto como uno podría anticipar que lo haría. Los investigadores se han centrado en los resultados de la felicidad y han encontrado que los individuos felices probablemente serán más saludables, vivirán por muchos años, tendrán mejores interacciones sociales y serán más productivos en el trabajo. Las personas con niveles más altos de felicidad parecen ser más eficientes y saludables en comparación con las personas que están deprimidas.

Puesto que a todos nos gusta la alegría y la paz, no podemos permitirnos pasar por alto sus causas. Por mucho que adoremos los resultados, debemos igualmente encontrar las causas y condiciones detrás de ellos. Por mucho que necesitemos ser felices, necesitamos encontrar las razones para la felicidad también.

Ser Agradecido. La base de la felicidad es transmitir más deleite a nuestros corazones y estar agradecidos por quiénes somos y lo que tenemos. Usualmente pasamos por alto lo que tenemos y centramos nuestra atención en lo que no tenemos. Siempre miramos a otro lado sin echar un buen vistazo a nuestra riqueza. Buscamos lo que otros tienen e ignoramos nuestras cualidades. Deberíamos tener más felicidad y agradecimiento por lo que somos y lo que tenemos. Todos somos criaturas impresionantes, y debemos apreciar las debilidades y cualidades de cada quien. Debemos valorar nuestras cualidades y apreciarnos unos a otros y a nosotros mismos. La fuente primaria de la alegría es pensar que no es suficiente para nosotros sentirnos felices sin preocuparnos por los demás. Pensar y querer que otros sean felices se llama amor. El afecto ilimitado hacia los demás es la forma fundamental para que todo ser viviente sea feliz. Sin adorar a otros, uno no puede alcanzar la felicidad. El amor hace todo rico, abundante e indispensable. El amor realmente brilla en todo el mundo como el sol. Con amor, convertimos a todos en amigos, y nuestros cerebros se vuelven excepcionalmente calmados y tranquilos. El amor es algo que podemos encontrar por nosotros mismos. Con la adoración, vemos a todo el mundo como único, maravilloso, y sin defectos, tanto en el exterior como en el interior. No podemos ver esto como un resultado de nuestras limitadas inclinaciones. Sin embargo, todo el mundo tiene una belleza excepcional. Dependemos de otros en nuestra vida diaria. Existimos para los demás, y tenemos la obligación de amar a todo el mundo.

Si los individuos enumeran lo que más necesitan en la vida, la felicidad está muy a menudo en la lista, y la mayoría de las veces, está en la parte superior de la lista de prioridades. Cuando los padres enumeran lo que necesitan en la vida para sus hijos, a menudo especifican la salud y las posesiones materiales, pero la felicidad es siempre constante en la lista. Los padres a menudo argumentan que si sus hijos son ricos y ocupan posiciones prestigiosas o no, simplemente necesitan que sus hijos sean felices. La felicidad es una de las necesidades más importantes de los individuos, quiza la más vital. La felicidad es el resultado de ciertas causas internas y externas, y por lo tanto afecta la forma en que la gente vive y tambien sus estados psicológicos. La felicidad es una cosa hermosa y una variable crítica en nuestros futuros logros. Dado que los investigadores han creado métodos precisos para medir la satisfacción, han llegado a las causas e inhibidores de la felicidad.

Compasión. Otra razón para la alegría es la simpatía o la compasión, que es la expresión superior de nuestro amor. La simpatía es el deseo y la acción de calmar la angustia de los demás. Cuando alguien que adoramos está desesperado, sentimos empatía y la necesidad de ofrecer ayuda. Cada ser humano se encuentra con problemas y angustia. Nadie puede evitarlo. La compasión y la empatía nos ayudan a conectarnos con otros en sus difíciles circunstancias. Les hacemos compañía y compartimos su experiencia, sus problemas y su sufrimiento. Damos apoyo dependiendo de nuestras capacidades, haciendo que nos sintamos felices, agradecidos y satisfechos. Si tenemos fuerza, responsabilidad y determinación, lentamente nuestras habilidades se desarrollarán, y nuestros ejercicios de compasión se incrementarán. Si nos cansamos como los demás, esto nos quita la oportunidad para incrementar nuestra fuerza, afecto, simpatía e inteligencia.

Otra razón para la felicidad es *ser apreciado*. El regocijarnos en la satisfacción de los demás es bueno ya que reafirma y refuerza nuestro amor y simpatía. Cuando adoramos a alguien y ellos encuentran momentos de gozo y paz y no tienen problemas, es una razón para celebrar. Sentir celos y envidia hacia el éxito de otros es una causa de infelicidad.

Dinero. Un nivel particular de ingresos es necesario para hacer frente a nuestros problemas, y las personas pobres, la mayoría de las veces, están decepcionados con la vida. Sin embargo, tener mucho dinero no tiene efecto en nuestra satisfacción a largo plazo. Los países acomodados tienden a tener niveles más altos de satisfacción en la vida de sus habitantes que los países en desarrollo, sin embargo, los Estados Unidos no ha tenido un aumento en la satisfacción desde hace mucho tiempo, a pesar de que la economía ha crecido. La investigación demuestra que los individuos materialistas tienden a ser menos felices. Poner su atención en la familia y en diferentes áreas de la vida que no sea sólo dinero en efectivo es una técnica más sabia. El dinero puede ayudar en la realización de la vida; sin embargo, cuando un buen número de otras cosas lucrativas son abandonadas para perseguir el dinero, el resultado es la infelicidad.

Hemos leído historias de individuos ricos que tienen problemas y de personas pobres que son excepcionalmente felices. Por ejemplo, varias personas ricas de todo el mundo se han suicidado en los últimos tiempos debido a la depresión. Por otra parte, algunas personas con ingresos ordinarios son muy felices ya que han descubierto cómo vivir dentro de sus medios y a apreciar las pequeñas cosas de la vida.

Familia y amigos. La familia da un tipo específico de apoyo social que no se puede obtener de los extraños. Si estamos cerca de nuestras familias, podemos confiar en ellas en momentos de emergencia y estrés emocional. Incluso podemos depender de nuestras familias para recibir apoyo financiero cuando lo necesitamos con urgencia. Compartimos nuestra historia y el futuro con la familia. Nuestros padres, tutores y otros parientes cercanos pueden recordarnos nuestros momentos de infancia. Estos recuerdos pueden ayudarnos en tiempos de emergencia. Es a causa del amor genuino que nuestra familia nos da alegría y nos ayuda en tiempos de necesidad.

Muchos años de investigación sobre la felicidad han revelado que el número y la naturaleza de la interacción social de un hombre con amigos, parientes, y vecinos están firmemente conectados con la salud y la felicidad personal. Las personas con muchos amigos están menos inclinados a experimentar la soledad, el estrés, la baja autoestima, y problemas como los trastornos de la alimentación y el sueño. En el mundo moderno, las redes sociales, como Twitter y Facebook, facilitan la conexión con un gran número de personas. Muchas personas viven en comunidades que aprecian la privacidad por encima de la cercanía y las relaciones. A los estadounidenses les gustan las casas a las que pueden ir durante días sin ver a sus vecinos. El confinamiento físico es una receta para la soledad y produce tristeza. Enseñar a nuestros hijos a valorar y cultivar relaciones cercanas es mejor que aislarlos de los vecinos y amigos.

Con respecto a la felicidad, nuestros seres más queridos y cercanos son realmente importantes. La investigación demuestra que las personas que tienen relaciones estables con amigos, familiares u otros parientes están más satisfechas, son más productivas y viven por muchos años. Sorprendentemente, regularmente subestimamos a nuestros familiares más cercanos. Mantenernos al día con ellos requiere mucha atención y esfuerzo. Los lazos sociales son críticos en todos los aspectos de nuestra vida, desde el nacimiento hasta la madurez. Hay evidencia para probar los efectos positivos de los vínculos sociales, no sólo en nuestra alegría y desempeño mental, sino también en otros aspectos de nuestras vidas. Esto hace necesario que nos conectemos con nuestra familia y amigos. Nuestros lazos familiares son vitales. Nuestros lazos familiares aumentan nuestra satisfacción al hacernos sentir más conectados, dándonos un sentimiento de pertenencia y confianza en nosotros mismos. Lo que es vital es la calidad de nuestras relaciones, no la cantidad de relaciones que tengamos. De hecho, las relaciones deficientes pueden ser una causa de estrés emocional o dolor y pueden afectar negativamente nuestro éxito. Encontrar una manera de hacer y mejorar nuestras relaciones cercanas es crucial. La interacción social puede ser una causa increíble de alegría. Pasar un día con seres queridos es agradable y puede ser una fuente de recuerdos para el futuro.

Es más fácil dejarte llevar por el trajín diario y olvidar lo que te hace feliz. Asegurarte de que tu nivel de felicidad es alto puede darte muchos beneficios de salud. Las personas felices tienen corazones sanos, buenas arterias y son fuertes. Las personas felices se recuperan más rápidamente de una cirugía, reaccionan bien al estrés, tienen presión arterial normal y viven más tiempo que las personas tristes. Los estudios también muestran que las personas felices pueden tener un sistema inmunitario fuerte y tienen menos probabilidades de contraer resfriados y otras infecciones. Incluso cuando se enferman, los efectos de la enfermedad son siempre leves. Las personas felices son buenas cuidando su salud. Si las personas son más felices, se hacen exámenes más seguidos.

Todos somos conscientes del dicho de que el dinero no puede comprar la felicidad. Sin embargo, todos gastamos dinero, convirtiéndolo en un recurso limitado. ¿De qué manera seríamos capaces de gastar el dinero que nos costó tanto ganar de maneras que aumente nuestra felicidad? Las investigaciones en psicología ofrecen algunas ideas útiles sobre la conexión entre el dinero y la felicidad para que pensemos antes de gastarlo.

Ser rico no es el camino a la felicidad, como muchas personas nos han hecho creer. Sin embargo, el dinero sigue siendo necesario para la felicidad. Tener un salario más alto, por ejemplo, puede darnos acceso a hogares en vecindarios más seguros, excelentes servicios de salud y comida, un trabajo satisfactorio y más tiempo de recreación. Sin embargo, esto llega hasta un punto. Una vez que nuestro salario llega a un nivel particular, se cumplen nuestros requisitos para la alimentación, servicios médicos, seguridad y casa segura. Los beneficios del dinero, por ejemplo, comprar una casa cómoda, a menudo son contrarrestados por los impactos negativos, por ejemplo, trabajar durante largas horas o estar en un trabajo frustrante para mantener nuestro estilo de vida.

Las cosas materiales, por ejemplo, el iPhone o el coche más recientes, duran más que tomar una clase de piano o ir de vacaciones. Comprar cosas materiales nos alegra a corto plazo. Sin embargo, nos acostumbramos a las cosas nuevas, y a pesar de que nos hacen sentir más felices, al final se vuelven normales. La satisfacción que se origina de vivenciar momentos, tiende a aumentar con el tiempo. Una causa es que regularmente compartimos nuestros encuentros con otras personas. A pesar de todo, contarás historias con tu familia y tus compañeros sobre la época en la que te fuiste de vacaciones.

Para que seas feliz, piensa en gastar dinero en los menos afortunados de tu sociedad. Muchas personas imaginan que el uso del dinero en sí mismos los dejará más contentos que usando ese dinero en otros. Sin embargo, cuando los investigadores evalúan la satisfacción antes y después de que los individuos gastan dinero, los individuos reportan más felicidad cuando gastan dinero en otros o lo dan a organizaciones caritativas que cuando lo gastan en sí mismos. Una causa de esto es que el proveer para otros nos hace sentir mejor acerca de nosotros mismos.

Ejercicio físico. El ejercicio siempre se ha visto como una cura para la mayoría de las cosas en la vida de un hombre, desde el estrés hasta lapsus de memoria. El ejercicio también nos hace dormir mejor y nos hace sentir más relajados. La mayoría de nosotros sabemos lo que le pasa al cuerpo cuando hacemos ejercicio. Formamos más músculo y resistencia. Somos conscientes de cómo los ejercicios cotidianos, como subir escaleras, se simplifican si nos ejercitamos con frecuencia. Cuando hacemos ejercicio diariamente, nuestro estado de ánimo se intensifica.

Si empiezas a hacer ejercicio, tu mente lo toma como un momento de estrés. A medida que la presión del corazón aumenta, la mente asume que estás batallando con el estrés o escapando de él. Para protegerte a ti y a tu mente del estrés, tu cuerpo libera una proteína llamada factor neurotrófico derivado del cerebro. Este factor neurotrófico derivado del cerebro tiene un componente defensivo que mejora nuestra memoria y mejora nuestro estado de ánimo. Cuando entrenas físicamente, también te vuelves mentalmente más duro. Cuando una persona es mentalmente más fuerte, puede lidiar con más estrés. La gente puede entrenar corriendo, montando bicicleta o de otras formas. Esta fuerza mental también nos ayuda en otras partes de nuestra vida.

Hay otro método para disminuir la ansiedad y mejorar el estado de ánimo que parece hacer que los individuos estén más contentos, y que produce impactos positivos más útiles para la satisfacción a largo plazo. Cuando las personas caminan, corren, montan bicicleta o participan en algún otro tipo de actividad física, la mayoría de las veces parecen sentirse más satisfechas y menos estresadas. Las personas en mal estado físico no son felices. Un estudio en la Universidad de Stanford en estudiantes encontró que la felicidad en un grupo es debido a su identidad en vez de su capacidad atlética; sin embargo, hay partes de la salud física que mejoran el placer.

Aparte de sentir energía, las personas que están en forma experimentan una sensación de logro al cumplir sus objetivos a la hora de entrenar. Además, pueden sentirse satisfechos con la mejora de la apariencia física que lograron con esas horas de ejercicios yendo al gimnsaio. Además, hacer ejercicio realza la psique y excita un día aburrido. Hay un vínculo entre la actividad física y la felicidad. La actividad física parece aumentar el sueño y reducir la ansiedad. La felicidad y la actividad son idénticas en dos maneras notables: ambas están conectadas con la mejora del sistema inmunológico y la reducción del estrés.

Religión. Durante bastantes años, la gente ha sido sorprendida por la vida. Hace miles de años, Aristóteles sostenía que la razón de la existencia del hombre es ser feliz. La felicidad es un tema importante en diferentes religiones del mundo. El hombre lucha en su camino hacia la felicidad y el paraíso. La religión dice que la vida misma es una bendición que debe ser valorada. Las escrituras dicen que debemos celebrar y estar alegres. Debemos disfrutar de todo en la vida espiritual, conexiones familiares y cosas materiales. Para los católicos, la satisfacción no es sólo diversión. La mejor felicidad se logra después de la muerte. Sin embargo, la buena conducta moral en la vida puede llevar a la alegría y satisfacción. Musulmanes y budistas también ven la felicidad de una manera moral, donde el buen comportamiento conduce a la felicidad y el éxito. Como indica Bukhari, un erudito en el Islam, la genuina felicidad no viene por tener una gran cantidad de riquezas, sino más bien la felicidad genuina es el realce del espíritu. Para los budistas, la alegría es un sentimiento interno, una condición de la mente. La felicidad puede ser lograda en la vida por una conducta moral que incorpore el respeto por los demás y el tener empatía.

Muchas personas obtienen la felicidad de la religión. ¿Están los individuos religiosos más satisfechos con la vida que los individuos no religiosos? ¿Y por qué sería así? La mayoría de los estudios han tratado de averiguar si las personas son felices en lugar de estudiar las causas. Los estudios han encontrado que las personas que están involucradas en la religión reportan niveles más altos de felicidad que las personas que no son religiosas. Ir a la iglesia es un método para medir la religiosidad. Los científicos han analizado cómo los encuentros espirituales están relacionados con la satisfacción. Los encuentros religiosos, especialmente cuando suceden durante las oraciones, han sido el indicador más fiable de felicidad en algunos estudios.

La participación religiosa es un canal para obtener apoyo social. Las personas están más contentas cuando están alrededor de otras personas. Las reuniones religiosas tienden a ofrecer apoyo social. Esta noción está respaldada por la tendencia de los individuos religiosos a estar más satisfechos con la vida. Las personas religiosas sienten una íntima asociación con Dios, haciéndolos felices. La alegría y la satisfacción de la vida surgen cuando tenemos un sentimiento de a dónde vamos y qué es vital para la vida. Al parecer, muchas personas descubren esto en la religión.

Los encuentros religiosos pueden ser extremadamente positivos. Nos ofrecen un sentido de estar en contacto con Dios y con los demás. Esto es algo positivo, y obviamente, si alguien está involucrado en cosas positivas, tenderá a sentirse más satisfecho que las personas que no lo están. Hay tres métodos básicos para conectar la religión y la alegría. Tristemente, la investigación sobre esto es correlacional, implicando que no podemos asegurar que la religión lleva a la felicidad.

Entender el camino de la satisfacción es un tema nuevo y polémico en la ciencia. Se muestra en todas las revistas experimentales, y se han creado programas de televisión para discutir el tema, hablando con investigadores de todo el mundo. Los investigadores han estado tratando de ver cómo funcionan en la mente los componentes distintivos de la felicidad y el deleite. A partir de su investigación sobre el tema, los investigadores han encontrado que muchas de las cosas que pensamos que nos hará ser felices no nos hacen felices, e incluso si lo hacen, es siempre por un corto periodo de timepo. Por ejemplo, descubrieron que el dinero, más allá de satisfacer las necesidades básicas, no hace feliz a la gente. O incluso cosas que el dinero puede comprar. La investigación ha demostrado que incluso las personas que ganan grandes sumas de dinero en un la lotrería, después de sólo un par de años, pierden la esperanza. En primer lugar, las cosas que nos dan alegría son normalmente físicas. El sexo nos da una satisfacción sustancial. El dinero y las protestas nos dan placer mental. Sin embargo, todas estas cosas dan una alegría efímera. En poco tiempo, subestimamos las cosas, incluyendo a los individuos, incluso las cosas que alguna vez nos hicieron alegres. Por ejemplo, incluso si tenemos un nuevo compañero o un nuevo auto o casa o un nuevo vestido, la emoción pronto se desvanece; y después, comenzamos a buscar algo mejor. Nos acostumbramos a las cosas rápidamente, y cuanto más bienes y logros tenemos, más necesitamos seguir elevando nuestro nivel de alegría.

La felicidad es diferente del placer. El placer se origina en las cosas. La felicidad no viene de las cosas; es incondicional. Es una condición de ser que se origina desde dentro de una persona. La felicidad es ese estado cuando no hay antojo de algo, sólo una apreciación por lo que una persona ya tiene. La felicidad es un sentimiento permanente. Si aprecias a los demás y a ti mismo, estarás satisfecho.

Como indicaron los investigadores, la satisfacción es un estado altamente atractivo. Las pruebas demuestran que los individuos alegres viven más que las personas miserables. También son más saludables y fuertes y producen más resultados que otros. En un estudio de la Universidad de Illinois, la diferencia en años vividos fue de nueve años entre las personas más felices y los individuos insatisfechos. Dado que fumar cigarrillos puede reducir un par de años en tu vida, nueve años es un tiempo bastante largo.

Los científicos dan cuatro claves para concentrarse en el desarrollo de la felicidad. Obviamente, el objetivo no es sólo traer felicidad sino transformar toda nuestra vida. Los científicos argumentan que a medida que comenzamos a enfocarnos en nosotros mismos y nos enfocamos menos en las cosas externas, la felicidad viene naturalmente.

Los investigadores demuestran que el ser gentil tiene un impacto mucho mayor en la satisfacción que el salario de un individuo. No es sólo en la felicidad, sino también en el bienestar individual; es porque nuestros cerebros controlan un gran número de componentes en nuestros cuerpos que causan enfermedades. Así como la ansiedad puede desencadenar la enfermedad, parece como si la amistad y la satisfacción pudieran mejorar nuestra defensa contra la enfermedad. La vida nos da la oportunidad de hacer amigos. Siempre tenemos que hacer un montón de amigos en nuestra vida. Una estrategia es hacer un par de cosas para otros diariamente y no esperar ningún favor a cambio. Realizar actos de bondad hacia otros es uno de los principios hacia la felicidad.

Siempre hay compasión incluso en las personas malas, y si estás cargado de compasión, tendrás simpatía por los demás. La piedad no es lo mismo que sentir lástima. La lástima nos hace sentir mejor que los demás y tener el deseo de ayudarles o cambiarlos de alguna manera. La simpatía incluye el afecto y el reconocimiento de los individuos como son. Si las personas tienen compasión por los demás, sabrán cómo compartir la felicidad con los que les rodean, y eso construirá la felicidad dentro de ellos. La compasión no es lo mismo que la lástima. La lástima nos hace sentir mejor que los demás, pero la compasión nos ayuda a compartir la miseria de los demás.

La miseria es un hábito que se cultiva en la vida de una persona. La felicidad puede igualmente desarrollarse como un hábito. Simplemente necesitamos empezar a buscar las cosas en la vida que están llenas de luz y no de tristeza. La forma en que vemos la vida influye en lo que crece dentro de nosotros. Cuando vemos alegría y luz por todas partes, nos sentiremos brillantes y satisfechos. La vida en sí misma está vacía. Todo depende de cómo lo veas. Dejar ir el dolor y decir sí a la felicidad es la clave. Los médicos también han encontrado las ventajas de la felicidad. Los médicos han descubierto que los pacientes más felices se recuperan mas rápido que los que están tristes. Hay un número muy grande de cosas en la vida por ser apreciadas, y cuando nos enfocamos en estas cosas y expresamos apreciación, cambiará nuestra vida masivamente. Nos cargaremos de mucha paz y felicidad.

Mostrar aprecio por las cosas en la vida es esencial para la felicidad. Es importante llevar un diario de apreciación en el que se registren constantemente cosas por las que te sientas agradecido. Los individuos están tratando, de diferentes formas, de conseguir la felicidad a través del cuerpo. El cuerpo sólo puede darte felicidad temporal, y la agonía sigue cada alegría en el mismo grado. La tristeza sigue a cada deleite. La muerte sigue la vida más o menos como el día es arrastrado por la noche. Es un círculo sin fin. El placer de una persona será seguido por la agonía. Cuando tu felicidad depende de cosas mundanas, nunca estarás tranquilo. Cuando estás feliz te preocupas por la posibilidad de perderla, ese miedo comprometerá tu felicidad.

La felicidad es una cosa muy diferente de lo que muchos de nosotros pensamos. Se trata más de calidad y menos de cantidad; es más de un estado mental, menos ambiental. Las personas que aprecian la música, la naturaleza y otras experiencias de vida son más felices. Apreciar lo que nunca tuvimos antes es esencial para nuestra felicidad.

El cambio frecuentemente tiene un efecto malo en nuestras emociones. Cuando no te aceptas como eres, acabas viéndote como un fracaso. Tu cerebro hace instantáneamente una imagen de lo que deberías ser, y otra parte de tu cerebro descubre que no eres lo que se supone que deberias ser. Tu mente llega a la conclusión de que no eres lo suficientemente bueno debido a no cumplir con las metas que te has fijado.

Al codiciar ser otra cosa, creas una imagen mental de lo que debes ser, y te descartas intuitivamente en tu forma actual. Un ejemplo de auto-mejora es la reducción de peso. La reducción de peso se debe probablemente a la conclusión de que tu cuerpo no está en buena forma y que, por lo tanto, tienes que cambiar. Cuanto más no te gusta tu cuerpo, más comprometido estarás con la pérdida de peso. Estar en mejor condición física conduce a la auto-aceptación. El punto aquí es que el cuerpo nunca causa infelicidad, pero el auto-rechazo en tu cerebro sí.

Auto-aceptación. La auto-mejora es una industria en desarrollo, y no es una gran sorpresa; un número significativo de sus clientes nunca terminan felices o satisfechos porque matan su motivación y autoestima a través del rechazo. Por otro lado, logran sus objetivos sólo para descubrir que no han manejado el rechazo en la mente que les provoca la infelicidad. La promoción no cambia el auto rechazo. Los investigadores han demostrado que las cosas materiales no influyen en la satisfacción de una persona a largo plazo. La alegría no viene de cosas materiales o de alcanzar ciertas metas en la vida. Más bien, viene de la capacidad de expresarnos e influenciar a los que nos rodean.

La gente no necesita cambiarse a sí misma para ser feliz, sino más bien, tienen que cambiar sus emociones. Cuando la gente expresa indignación, se sienten enojados. Si las personas exhiben amor a los demás, sienten amor y felicidad sobre ellos mismos. Con frecuencia sentimos satisfacción con lo que tenemos. Aunque las cosas materiales no nos hacen felices. Es el amor y la compasión que mostramos a los demás lo que nos hace felices.

La felicidad siempre se ha asociado con la gente que pasa el tiempo con las personas que aprecian y con las cosas que aman. Lo básico para la felicidad no es qué es lo que pueden lograr. Lo que los hace felices es expresar amor en lo que sea que hagan. Aceptarse a uno mismo es el paso inicial hacia mostrar amor por uno mismo. Intentar ser algo distinto de lo que eres crea una sensación de auto-rechazo. La forma que tiene tu cerebro de evitar el auto-rechazo es simplemente aceptarte a ti mismo. Este método reduce el auto-rechazo y restaura una sensación de autoestima.

La felicidad no está asegurada sólo porque logras tus metas de vida. Son sólo ilusiones que creamos en el cerebro para desencadenar sentimientos de alegría. Es lo que expresamos en un momento lo que determina la satisfacción y la felicidad en la vida. Cuando expresamos amor, nos volvemos felices. Cuando expresamos sentimientos de desagrado, nos entristecemos. La manera de obtener verdadera satisfacción en la vida es expresar el amor. Ya que la expresión de afecto está bajo tu control, tienes la clave de la felicidad.

Siempre recibimos mensajes sobre lo que nos hace felices en la vida. Los vendedores nos dicen que se origina de poseer y usar sus artículos. Los medios de comunicación nos dicen que viene con riquezas y popularidad, mientras que el gobierno piensa que la felicidad viene de una economía en crecimiento y el aumento de los niveles de vida. Durante tantos años, hemos utilizado la filosofía, la religión y la historia para buscar respuestas a tales preguntas; sin embargo, en el pasado reciente, los analistas han realizado investigaciones científicas sobre el tema.

Los investigadores han descubierto que a pesar de que nuestros genes y circunstancias tienen un papel en nuestra felicidad, mucho de nuestra felicidad se origina de nuestras decisiones y los ejercicios que hacemos. Así que a pesar del hecho de que somos incapaces de cambiar nuestros atributos heredados o la situación en la que nos encontramos, tenemos la capacidad de cambiar lo felices que somos gracias a la forma en que abordamos nuestra vida.

A pesar del hecho de que todo el mundo tiene un cerebro, muchos de nosotros no comprendemos sus funciones y capacidades. Por ejemplo, si no tenemos entrenamiento en Dharma, podríamos saber muy poco acerca de las partes distintivas del cerebro, la manera en que se forman y los impactos que causan en nuestras vidas. No podemos tener la capacidad de reconocer los cerebros virtuosos de los no virtuosos. ¿Por qué es importante comprender esto? El propósito es que la felicidad descansa en el cerebro, y si tenemos que evitar la angustia y descubrir la satisfacción genuina, tenemos que comprender cómo funciona el cerebro y utilizar ese conocimiento para controlarlo. Sólo así podremos mejorar la calidad de nuestra vida, tanto ahora como después. Cualquier problema que encontremos, se origina en nuestra mente.

Últimamente, nuestra comprensión y control del mundo exterior han aumentado significativamente, y por lo tanto, hemos sido testigos de una creación material sin precedentes; sin embargo, no ha habido un aumento correspondiente en la felicidad. No hay menos sufrimiento en el planeta hoy, y los problemas han aumentado. De hecho, puede decirse que en la actualidad hay más problemas y sufrimiento que antes. Esto demuestra que la razón de la felicidad y la respuesta para nuestros problemas no está en el control del mundo exterior. La satisfacción y la felicidad son estados de la mente, por lo tanto su fuente primaria está en el cerebro. Si necesitamos ser realmente felices y libres de angustia, debemos mejorar nuestra comprensión del cerebro.

Muy a menudo, cuando las cosas salen mal en nuestras vidas, tendemos a ver la circunstancia en sí como el problema, sin embargo, en verdad, cualquier problema que encontramos se origina en nuestro cerebro. Si reaccionamos de manera positiva ante las circunstancias problemáticas, es posible que no tengamos problemas; se supone que debemos considerarlas como oportunidades para el desarrollo y el progreso. Los problemas sólo surgen cuando reaccionamos negativamente a las complicaciones.

Sé consciente de las señales de tu cuerpo. El cuerpo se comunica a través de signos de comodidad y malestar. Antes de iniciar un determinado comportamiento, piensa en cómo se sentirás. Si el cuerpo siente dolor físico, ten cuidado. Olvida el pasado, vive el presente y deja de preocuparte por el futuro. Mantén tus pensamientos en la situación actual. Maximiza cada momento. Acepta lo que sucede, aprécialo, aprende de ello y déjalo ir.

Toma un momento de silencio para contemplar y calmar el alma interior. Toma en consideración tus pensamientos internos para que puedas ser guiado por el instinto en lugar de la interpretación mundana de las cosas. No valores la aprobación externa. Tu eres el juez de tu valor, y tu objetivo es encontrar valor en ti mismo, independientemente de lo que cualquier otro individuo piense. Cuando reaccionas a las situaciones con ira, entiende que estás batallando contigo mismo. Cuando renuncias a la ira, te recuperas de las situaciones.

Presta poca atención al juicio de otros y al propio y te sentirás mucho mejor. Cualquier cosa puede ser perdonada; sin embargo, cuando juzgamos, fallamos en comprender y amar a otros. Al juzgar a los demás, muestras rechazo de ti mismo. Cuando perdonamos, mejoramos nuestro autoestima. No uses cosas que sean malas para tu salud. Tu cuerpo es el que apoya tu felicidad. La fuerza de cada célula contribuye a tu felicidad. Motívate por el amor y no por el miedo. El miedo es el resultado de una mente que se niega a superar el pasado. Recordar lo que nos hirió en el pasado nos hace pensar que volverá a suceder.

La infelicidad es una parte inevitable de la vida. Es una reacción ordinaria a la desgracia física y mental. Todo el mundo está influenciado únicamente por cuestiones externas e individuales que pueden incitar a la infelicidad. La infelicidad no es un problema mental; es un sentimiento que puede durar un par de minutos o un par de días. A veces emerge después de bastante tiempo. Los cambios que conducen a la pérdida de la dignidad y la confianza en los demás causan infelicidad. Los cambios ocurren con enfermedades, como una enfermedad cardíaca. Los cambios hormonales, por ejemplo, aumentan la producción de estrógeno antes de los periodos menstruales femeninos, y el embarazo también puede causar infelicidad. La infelicidad es una respuesta a la desgracia emocional y social. Un ejemplo de mala suerte incluye la muerte de un amigo o un miembro de la familia, la pérdida de un trabajo, y la mala salud. La infelicidad también se produce por un anhelo de cosas imposibles. Los sentimientos nostálgicos también provocan una situación de infelicidad.

Cuando te encuentras con una persona que es infeliz, también reaccionas con una expresión y palabras tristes. Cuando sabes que individuos o criaturas están sintiendo dolor (ya sea cerca de ti o en diferentes partes del mundo), puedes sentirte triste. Algunos individuos son más vulnerables que otros a la infelicidad. Las personas mayores tienen más periodos de infelicidad que los más jóvenes. Investigaciones en las ciencias del cerebro muestran que la música puede causar infelicidad. Analistas han encontrado que la gente que escucha música triste es infeliz porque evoca recuerdos nostálgicos. Sin embargo, los que escuchan música feliz reportaron menos episodios de infelicidad.

Conclusión

¡Es irónico que un libro sobre el minimalismo tenga un montón de páginas! La razón es que quería ofrecerte, mi lector, una guía completa sobre cómo vivir como un minimalista. De todos modos, gracias por tomarte el tiempo para leer este libro informativo y educativo sobre el minimalismo. Aquí dentro has aprendido lo que es el minimalismo y sus barreras. Hemos discutido formas de evitar estas barreras para que vivas una vida satisfecha sin el impulso de adquirir y hacer cosas que no son necesarias en tu vida.

El minimalismo te permitirá centrarte en lo que es esencial en tu vida. Serás capaz de perseguir tus sueños, desarrollar relaciones saludables, y mejorar tu salud. La clave es ser organizado, manejar el estrés, encontrar formas de ser feliz que no sean a través de la adquisición y el acaparamiento de cosas y por último, pasar algún tiempo a solas reflexionando y meditando sobre la vida.

www.ingramcontent.com/pod-product-compliance
Lightning Source LLC
Chambersburg PA
CBHW071349120788
48009CB00002B/83

9789657019658